Treffpunkt Eiche

Jürgen Kaiser

Treffpunkt Eiche

500 Jahre Geschichte Württembergs

Edition
Evangelisches
Gemeindeblatt

MIX
Papier aus verantwortungsvollen Quellen
FSC www.fsc.org FSC® C011786

Klimaneutral
Druckprodukt
ClimatePartner.com/11873-2205-1001

Die Deutsche Bibliothek verzeichnet diese Publikation in der Deutschen Nationalbibliografie; detaillierte bibliografische Daten sind im Internet über http://dnb.ddb.de abrufbar.

Augustenstraße 124, 70197 Stuttgart, Telefon 07 11/60 10 00,
Fax 6 01 00 76, www.verlag-eva.de

Gestaltung und Satz: Cornelia Fritsch, Leinfelden-Echterdingen
Umschlaggestaltung und Illustration: Uli Gleis, Tübingen
Lektorat: Isolde Bacher, text_dienst, Stuttgart
Druck: Sauter GmbH, Reutlingen
ISBN 978–3–948882-29-7

Inhalt

Vorwort

„Das geheime Leben der Bäume“ beschrieb Peter Wohlleben 2015 in seinem gleichnamigen Buch und wurde schlagartig zum bekanntesten Förster Deutschlands. „Der mit dem Wald spricht!“ wurde er genannt. Er beschrieb, wie bestimmte Bäume Nährstoffe über ihr Wurzelsystem austauschen und sich gegenseitig mit besonderen Duftstoffen vor Schädlingen warnen. Als er erzählte, wie Bäume „kuscheln“, war das Maß für seine Kritiker*innen voll. Er würde den Wald „vermenschlichen“, warfen sie ihm vor, und seine Bücher seien „Romantik im digitalen Zeitalter“.

Der Begeisterung seiner Leser*innen tat das keinen Abbruch. Für sie ist er eine Art „Baumflüsterer“, der das Geheimnis der Wälder und Bäume den Menschen in süffigen Worten nahebringt.

Damit ist er Teil des Phänomens „Waldbaden“, das vor einigen Jahren in Japan begann. Ohne Hast und Zeitdruck in den Wald gehen, möglichst barfuß, die Natur mit allen Sinnen spüren, auch mal einen Baum umarmen – das alles wurde dort (neu) entdeckt und beispielsweise von dem „Waldbaden-Guru“ Qing Li beschrieben. Er benannte als Erster die Wirkung der Terpene in der Waldluft. Also der gesunden Botenstoffe, die über Blätter und Rinden der Bäume ausgeschieden werden. Das sei natürliche Anti-Stress-Medizin. Die Idee zündete in Europa sofort. In der Zwischenzeit kann man auch in den einheimischen Wäldern an Waldbaden-Kursen teilnehmen.

Die Deutschen sind da wohl besonders empfänglich. Denn seit ihren germanischen Vorfahren hat der Wald hierzulande eine besondere mythische Aufladung. Wenn der Wald leidet, kann man bis heute damit große Schlagzeilen drucken. So staunen etwa die Franzosen immer wieder über unseren Hang zum Wald und haben ein deutsches Fremdwort in ihren Wortschatz aufgenommen: le Waldsterben. Ein französisches Wort dafür gibt es nicht. Na ja, sie sind ja auch keine Germanen, sondern Kelten, genannt Gallier.

Wenn es bei uns um den Wald geht, dann sticht ein Baum besonders hervor: die Eiche. Wenn sie genügend Platz im Wald hat, kann sie groß und mächtig werden. Sie stand so bei unseren germanischen Vorfahren für Donar/Thor, den Gott des Donners, des Krieges, des Blitzes. Unter besonders großen Eichen traf man sich zu Vollversammlungen und hielt Gericht.

Die berühmteste Donar-Eiche ging in die deutsche Legendenwelt ein. Bonifatius (um 672–754/755), „Missionar der Deutschen", ließ gemäß einem 760 verfassten Bericht die Donar-Eiche in der Nähe von Fritzlar, ein Zentralheiligtum des germanischen Stammes der Chatten, von fränkischen Soldaten fällen. Die Anführer der Chatten waren dabei und erwarteten nun, dass Bonifatius wegen dieser Schändung auf der Stelle von einem Blitz des Thor getroffen würde. Es passierte aber nichts und damit war laut dem Bericht die Ohnmacht der altgermanischen Götter bewiesen. Die Anführer der Chatten ließen sich taufen, das Volk gehorsamst ebenso. Mit Katechismusunterricht hatte die Christianisierung der Germanen also nichts zu tun. Mit Wissen über den christlichen Glauben auch nichts.

Wenn mich etwas drückt oder ich etwas mit mir klären muss, dann gehe ich in den Feuerbacher Wald. In der Nähe der Ruine der Dischinger Burg mit ihrem Grillplatz steht eine alte, knorrige Eiche. Sie könnte fast 500 Jahre alt sein. Das ist „meine“ Eiche der Meditation.

Sie hat einen mächtigen Stamm, aber nur noch einen einzigen Ast, der steil nach oben zeigt. Doch in jedem Frühjahr grünt dieser Ast und damit der kleine Wipfel aufs Neue. Die anderen Äste sind längst abgefallen, am Baum finden sich nur noch Stummel. Die letzten Gefallenen liegen morsch am Boden.

Der Weg, der an der Eiche vorbeiführt, ist ein alter Handelsweg. Wer aus dem Südwesten nach Stuttgart kam, kam an der Eiche vorbei und zog dann weiter über die Feuerbacher Heide oder über den Pragsattel nach Stuttgart hinein. Dieser Weg hat seit alters her einen Namen: Richtstattallee. Hier zogen alle entlang, die in früheren Zeiten – aus dem Südwesten kommend – entweder als Hexen oder Ketzer auf der Feuerbacher Heide verbrannt oder unterhalb der Prag aufgehängt wurden. Dort stand der württembergische Galgen.

Im letzten Winter hatte ich einen Gedankenblitz: Fast 500 Jahre könnte die Eiche nun alt sein. Sie steht an diesem alten Handelsweg. Sie hat Peiniger und Gepeinigte gesehen. Sie könnte 500 Jahre württembergische Geschichte gesehen haben. Warum also nicht Besonderheiten dieser Geschichte an und mit diesem Baum erzählen? Was könnte die alte Eiche alles gesehen, gehört, erlebt haben?

So ist die Idee zu diesem Buch entstanden.

Die Eiche steht im Feuerbacher Wald. Deshalb kommt auch die Feuerbacher Geschichte mit ihren Menschen in den Geschichten vor. Doch dies ist kein Feuerbacher Heimatbuch. Die geschilderten historischen Ereignisse haben in ganz Württemberg stattgefunden. Die Geschichten wollen auch anregen, sich die Geschichte der eigenen Stadt, des eigenen Dorfes anzuschauen. Denn Feuerbach war überall.

Von dieser Idee habe ich meiner Projektleiterin im Verlag, Cornelia Fritsch, und dem Verleger Frank Zeithammer erzählt. Sie haben mich ermutigt, meine Geschichten zu erzählen. Ihnen sei Dank!

Dank auch an meine Lektorin Isolde Bacher, die auch dieses Buch wieder kritisch begleitet hat und mit der man sich so trefflich über die württembergische Geschichte und die deutsche Grammatik unterhalten kann. Dank an Uli Gleis, dessen spitzer Zeichenstift wieder die Illustrationen schuf. Dank auch an Dieter Skubski , meinen treuen Begleiter, der als ehemaliger Kriminalist stets mit die ersten Untersuchungen meiner Texte vornahm.

Dank gehört aber nicht zuletzt meiner Frau Christine. Sie fand den nächtens geschriebenen Text als Erste des Morgens auf dem Frühstückstisch vor. Ihr Bleistift fand stets die ersten Fehler.

Jürgen Kaiser

Im Corona-Frühjahr 2022

Die Heidelberger Disputation 1518

Es war immer noch kalt um die Mittagszeit Mitte April 1518, als Ambrosius Blarer und Matthäus Alber beschlossen, im Wald in Feuerbach zu rasten. An der Dreiergabelung eines Waldwegs ließen sie sich auf dem Stamm einer umgestürzten Eiche nieder. Dabei fiel ihnen der Spross der kleinen neuen Eiche, die sich im Schatten des Stammes wenige Zentimeter aus dem Boden dem Licht entgegenreckte, gar nicht auf.

Gemeinsam waren die beiden in Tübingen aufgebrochen. Ihre schwarzen Mäntel, die aussahen wie Mönchskutten, und ihre schwarzen Barette auf dem Kopf wiesen sie als Scholaren aus, also als Akademiker ohne Amt oder Anstellung. Dass jeder einen Stock und ein zusammengefaltetes Leinenbündel mit sich führte, zeigte an, dass die Gelehrten auf Reisen waren. Ein durchaus normales Bild an der Schwelle vom Mittelalter zur Neuzeit.

Ambrosius Blarer war, von seiner Heimatstadt Konstanz herkommend, auf dem Weg nach Wittenberg. Sein Freund und Studienkollege Philipp Schwarzerd, der als Humanist seinen Namen ins Griechische übertragen hatte und sich nun Melanchthon nannte, war eben als Professor für Altgriechisch an die Universität Wittenberg berufen worden und Blarer wollte ihm beim Einstieg in Wittenberg und sein neues Amt behilflich sein. Blarer war Benediktinermönch im Kloster Alpirsbach und als dessen Lektor stand er mit der Universität Tübingen in engem Kontakt. Dort war er auf seinen Reisegefährten gestoßen. Auf unsicheren Wegen gemeinsam statt alleine unterwegs zu sein war in diesen Zeiten immer besser.

Der zweite Reisende, Matthäus Alber, stammte aus Reutlingen und hatte gerade an der Universität Tübingen seinen Magister Artium gemacht und damit die Berufung zum Lehrer an der Tübinger Lateinschule schon in der Tasche. Damit konnte er nun endlich sein eigenes Geld verdienen und eine Familie gründen. Bei Philipp Melanchthon hatte er Vorlesungen über altgriechische Grammatik gehört und war von diesem Hochschullehrer begeistert gewesen. Er und Melanchthon wurden Freunde. Als Melanchthon seinen Ruf nach Wittenberg an die damals neueste Universität in Deutschland erhalten hatte, wollte Alber ihn beim Umzug unbedingt begleiten. Dafür musste er aber erst in Stuttgart bei der Regierung Herzog Ulrichs in der Alten Kanzlei ein paar bürokratische Hürden nehmen.

Einen Umweg wollten die beiden auf ihrem Weg nach Wittenberg auf alle Fälle machen: An der Universität Heidelberg sollte Martin Luther auf Einladung der Generalversammlung des Augustinerordens, dem er ja angehörte, zu seinen 95 Thesen Stellung nehmen. Das interessierte Blarer und Alber natürlich brennend. Schließlich wurde an den theologischen Fakultäten in Deutschland damals kaum etwas so intensiv diskutiert wie diese Thesen. Luthers Freunde hatten sie ins Deutsche übersetzt und auf Flugblättern verbreiten lassen. Es gab überall heftige Auseinandersetzungen. Blarer geriet ins Schwärmen, als er sich die bevorstehende Begegnung ausmalte.

„Mensch, Luther in Heidelberg. Was für eine Möglichkeit, den bei einer Diskussion mit so vielen theologischen Gelehrten von Angesicht zu Angesicht zu erleben. Das will ich mir nicht entgehen lassen. In Wittenberg werden wir ihn ja auch sehen können, aber das hier ist doch etwas ganz anderes."

Alber und Blarer erreichten Heidelberg rechtzeitig. Am 25. April 1518 kam Martin Luther zum ersten Mal nach Südwestdeutschland. Er nutzte das Forum an der Universität, um seine Thesen öffentlich zu bekräftigen, ging dabei allerdings nicht in erster Linie auf den Ablasshandel ein, sondern präsentierte Leitsätze zum Thema Rechtfertigungslehre, also dass der Mensch nicht durch gute Werke, sondern nur durch den Glauben und die Gnade Gottes selig werden konnte. Gute Absichten und fromme Taten, auch Spenden und Stiftungen seien fürs Seelenheil nutzlos, meinte er. Wenn man dies als theologisches Fundament nahm, war der Ablasshandel logischerweise grundverkehrt! Es war also starker Tobak, was Luther da von sich gab. Immerhin fünf Professoren waren gegen ihn aufgeboten und die Augustiner ebenso wie die Universität hofften, dass Luther bei der Disputation mit Pauken und Trompeten untergehen würde.

Doch der Schuss ging krachend nach hinten los. Die Professoren der Uni waren entsetzt, viele Studenten begeistert. Professor Georg Schwarz aus Löwenstein, der sich – als Humanist logisch – Georg Nigri nannte, war außer sich und führte argumentativ das gemeine Volk ins Feld: Die Bauern, so seine Behauptung, würden so stark an die Möglichkeit glauben, sich das Himmelsreich durch Wallfahrten, Spenden und fromme Werke zu verdienen, dass sie Luther für seine Aussagen steinigen würden. Begeistert waren hingegen der 19-jährige Student Johannes Brenz, der spätere Reformator von Schwäbisch Hall und einiger Gebiete Württembergs, Martin Bucer, der spätere Reformator von Straßburg, und

Eberhard Schnepf, der später ebenfalls als Reformator in Württemberg wirkte.

Begeistert waren auch Alber und Blarer. Ihre mühevolle Reise nach Heidelberg hatte sich gelohnt. Blarer wurde zum Reformator der Reichsstädte Konstanz, Ulm, Esslingen, Augsburg, Lindau, Memmingen und Isny. Zusammen mit Erhard Schnepf wurde er vom württembergischen Herzog außerdem ebenfalls mit der Reformation des Landes beauftragt. Dabei ging man pragmatisch vor: Blarer übernahm den Teil „ob der Steig", also alle Landesteile „oberhalb" bzw. südlich des Haigsts, des oberen Endes der Stuttgarter Weinsteige. Schnepf reformierte das sogenannte Unterland, das Land „unter der Steig", also den nördlichen Landesteil ab der Stuttgarter Weinsteige.

Alber reformierte die Reichsstadt Reutlingen, wurde von Herzog Ulrich als Prediger der Stuttgarter Stiftskirche berufen, war beteiligt an der Erstellung der Confessio Virttembergica – einem Glaubensbekenntnis, das nicht so streng war wie das lutherische Bekenntnis –, wetterte gegen Hexenglauben und folgerichtig gegen Hexenverfolgung und war zuletzt Abt von Blaubeuren auf der Schwäbischen Alb.

All diese Reformatoren des südwestdeutschen Raumes waren 1518 als Studenten bei der Heidelberger Disputation dabei gewesen. Dort hatte Luther sie buchstäblich entzündet. Damit war das Feuer der Reformation im Südwesten ausgebrochen. Ihre Glaubenssätze veränderten die politische und wirtschaftliche Geschichte des alemannisch-schwäbischen Raums entscheidend.

Eichen wachsen langsam

Die kleine Eiche im Feuerbacher Wald wuchs. Allerdings nur anfangs etwas schneller, dann ganz langsam, wie das die Art von Eichen ist, Weltgeschichte hin oder her. Die in Deutschland vorwiegend heimischen Arten Stiel- und Traubeneiche, die zu den Weißeichen gehören, können in den ersten Jahren sehr unterschiedliche Höhen erreichen, von rund 25 cm bis zu zwei Metern, je nach Umgebungsbedingungen, doch mit der Zeit verlangsamt sich ihr Wachstum grundsätzlich immer mehr. Bis sie erste Eicheln ansetzen, kann es gar Jahrzehnte dauern.

„Freyheit!"

Das plötzliche Wiehern der Pferde, die sich am 29. April 1525 in ihrer Nähe aufhielten, machte der kleinen Eiche nichts aus, denn von diesen Tieren hatte sie nichts zu befürchten. Sie hatte eher Angst vor den Rehen.

Die Pferde gehörten zum Gefolge von Matern Feuerbacher, der mit seinen Bauern in Stuttgart lag. Sein Problem: Er konnte sein Gefolge kaum noch im Zaum halten und überlegte fieberhaft, wie es weitergehen sollte. Denn sein Gegner war im Auftrag des Kaisers bereits unterwegs, um ihn zu vernichten: Es war der Truchsess Georg von Waldburg-Zeil, der „Bauernjörg" – Jörg ist eine Kurzform von Georg –, so geheißen wegen seiner Brutalität im Umgang mit den aufständischen Bauern, die sich in sogenannten Haufen zusammengeschlossen hatten. Georg von Waldburg-Zeil verfügte über Landsknechte und Reiter. Und er hatte Kanonen, die Bauern mussten mit Sensen, Spießen, Beilen und Dreschflegeln dagegenhalten. Übrigens gehörten nicht nur Bauern zu Feuerbachers Mitstreitern und Mitstreiterinnen, sondern auch entflohene Nonnen und Mönche, völlig verarmte Landadelige, fahrendes Volk, Arme, befreite Zuchthäusler, Abenteurer – alle zusammen bildeten den Haufen, der am 17. April 1525 Matern Feuerbacher zu seinem Hauptmann gewählt hatte. Dieser war ein wohlhabender und gebildeter Bürger aus Großbottwar und wollte erst gar nicht am Bauernkrieg teilnehmen. Aber weil er die Zustände in besonnenem Ton kritisiert und auf Verhandlungen gedrängt hatte, forderten ihn die kleinen Landadeligen dazu auf, eine Führungsaufgabe zu übernehmen. Er sollte auch verhindern, dass sich die Aufständischen dem Jäcklin Rohrbach anschlossen.

Das war Jakob Rohrbach aus Neckargartach, genannt Jäcklin, also der kleine Jakob, denn auch sein Vater hieß Jakob. Der Junior zog seit Anfang April durch die Lande und scharte mit nicht immer feinen Mitteln zornige Bauern und andere um sich, den sogenannten Neckartal-Odenwälder Haufen. Sein Vorgehen war das Gegenteil von Diplomatie. Der „kleine Jakob" war ein Hitzkopf und Querulant, er gilt vielen als Erfinder der Parole: „Setzt auf das Dach den roten Hahn!" – sprich: Zündet das Haus an. So geschehen in Weinsberg am 16. April, dem Ostersonntag, als Jäcklin und sein Haufen Burg und Stadt anzündeten und die sich ergebende Besatzung des Obervogts Graf Ludwig von Helfenstein durch eine Gasse von mit Spießen bewaffneten Kämpfern trieben. Jeder stach zu bei diesem Spießrutenlauf und bald waren alle Gefangenen tot. Dieser Tag ging als „Weinsberger Bluttat" in die deutsche Geschichte ein.

Klar war, dass Georg von Waldburg-Zeil mit einem zahlenmäßig enormen Heer auf dem Weg war. Das Gebot der Stunde lautete für die Haufen also, sich zu vereinen, um sich gegen den Truchsess und seine Mannen wenigstens ansatzweise wehren zu können. So stieß nun auch Jäcklin mit seinem Haufen zu Matern Feuerbacher, der allerdings den Oberbefehl behielt. Doch Feuerbacher hatte damit einen Feind in seinen eigenen Reihen. Jäcklin hatte für Verhandlungen und Kompromisse nichts übrig und ließ das auch lautstark jeden wissen, der es hören wollte. Und alle anderen auch.

Doch noch war Matern Feuerbacher der Anführer und suchte nach weiteren Mitstreitern. Deshalb war er nach Feuerbach geritten.

Von Süden her näherten sich die Schwarzwälder Bauern. Feuerbacher war zu Ohren gekommen, dass sie den Dagersheimer Leonhard Schwarz zu ihrem Hauptmann gewählt hatten. Schwarz war ebenfalls auf Verhandlungen aus – so hieß es. Vielleicht ein Mitkämpfer im Geiste? Kein Hardliner? Die beiden Bauernheere würden sich vereinigen müssen, das war klar. Feuerbacher musste vorher aber wissen, wie es um den anderen Anführer bestellt war.

Schwarz war am 25. April mit seinem Schwarzwälder Haufen in Hirsau gewesen und hatte das dortige Kloster teilweise geplündert. Am 27. April hatte er vor Calw gelegen, doch die Stadt hatte sich geweigert, ihre Tore zu öffnen und sich zu ergeben. So war Schwarz mit den Seinen zum Kloster Bebenhausen weitergezogen, als ihn der Kurier erreichte. Er hatte bereits von der Bluttat in Weinsberg gehört, so etwas wollte auch er unter allen Umständen vermeiden. Er hatte aber auch von Jäcklin Rohrbach gehört und ahnte, dass die Zusammenarbeit mit dem kein Honigschlecken werden würde. Deshalb willigte er in die Bitte eines Kuriers von Matern Feuerbacher ein, sich zu treffen. Der Treffpunkt sollte nicht allzu weit von Stuttgart entfernt liegen, damit keiner eine lange Anreise hatte.

Matern Feuerbacher musste nicht lange warten, bis Leonhard Schwarz mit zwei anderen Reitern die Steige hochritt. Alle saßen ab, Feuerbacher und Schwarz setzten sich auf den Stamm der umgestürzten Eiche, dicht neben einem neuen Spross, die Begleiter hielten diskret Abstand.

„Matern Feuerbacher?"

„Ja, und du bist Leonhard Schwarz?"

Der nickte. Sie gaben sich die Hand.

Feuerbacher sah sein Gegenüber prüfend an. „Mein Haufen aus dem Odenwald rückt gerade vor nach Kirchheim unter der Teck. Der Truchsess soll auf dem Weg dorthin sein. Wir wollen das auskundschaften. Wenn er dort schon in der Nähe ist, dann weichen wir über Degerloch nach Herrenberg aus. Eine Stadt will und muss ich erobern, denn meine Leute verlangen nach Beute, Brot und Wein. Davon liegt genug in Kirchheim und in Herrenberg."

Schwarz nickte. „Herrenberg klingt gut. Falls es mit Kirchheim nichts wird, führe ich meine Bauern auch dorthin und wir schließen uns zusammen. Der Truchsess hat ein Riesenheer und Kanonen. Außerdem gibt er kein Pardon, das wissen wir zur Genüge. Sieh zu, dass du, egal in welcher Stadt, das Zeughaus eroberst. Die Waffen der Stadt brauchen wir dringend. Mit Dreschflegeln und Brotmesser machen wir gegen die Rüstungen der Reiter keinen Stich!"

„Das versteht sich. Aber lass mich offen sprechen! Ich habe noch ein ganz anderes Problem. Wenn ich meinen Bauern erkläre, wie ich vorgehen will, haut mir immer der Jäcklin dazwischen. Mit feurigen Reden hetzt er die Leute auf und alles geht verloren. Weinsberg war schrecklich. Wie sollen wir für unsere Rechte kämpfen und Herz und Hirn der Leute gewinnen, wenn wir so handeln?"

„Ja, seit Weinsberg redet niemand mehr über unsere gerechte Sache. Wer sich so selber ins Unrecht setzt, ist nicht mehr glaubwürdig."

„Genau. Sorgen wir also dafür, dass man in uns etwas anderes sieht als blutrünstige Mordbrenner. Wir stehen für eine gerechte Sache, da müssen wir auch gerecht handeln. Hier meine Hand! Freyheit!"

„Hier die meine! Freyheit!"

Die „gerechte Sache", von der die beiden sprachen, war festgehalten in den sogenannten Zwölf Memminger Artikeln, nämlich die Forderungen der Bauern. Dazu gehörte unter anderem, dass jede Gemeinde ihren Pfarrer frei wählen konnte, dass der kleine Zehnt, also die Abgabe auf Obst, Gemüse und Kleinvieh, entfiel und dass die Leibeigenschaft sowie die Frondienste aufgehoben beziehungsweise abgeschafft wurden. Das, fanden die Bauern, waren keine unbilligen Ansprüche.

Wie Feuerbacher und Schwarz es beschlossen hatten, trafen sich die Bauernheere und belagerten am 8. Mai gemeinsam Herrenberg, erstürmten und plünderten es. Doch der Truchsess setzte ihnen nach. Nach einem kurzen Scharmützel wichen die Bauern nach Böblingen aus. Die Stimme der Vernunft hatte nun endgültig ausgedient: Am 11. Mai setzten die Bauern Matern Feuerbacher als ihren Hauptmann ab, der neue Hauptmann hieß Jäcklin Rohrbach. Tags darauf – das Bauernheer hatte sich in verschiedenen Haufen zwischen Böblingen und Sindelfingen aufgestellt – blies Georg von Waldburg-Zeil zum Angriff.

Die Schlacht von Böblingen war ein Gemetzel. Insgesamt rund 15 000 unzulänglich ausgerüstete Bauern standen gut bewaffneten Söldnertruppen gegenüber. Heutige Schätzungen gehen von etwa 3000 toten Bauern aus auf jenem Feld, das bis zum Bau der Autobahn A 81 „Bauernfeld" hieß. Während der Bauarbeiten kamen immer wieder Knochen zum Vorschein.

Jäcklin Rohrbach wurde auf dem Schlachtfeld festgenommen und an den Truchsess ausgeliefert. Wenige Tage später wurde er in der Nähe seiner Geburtsstadt Neckargartach mit einer Kette an eine Weide gebunden und bei lebendigem Leib verbrannt.

Was aus Leonhard Schwarz wurde, weiß man nicht, Quellen zu seinem weiteren Werdegang gibt es offenbar keine.

Matern Feuerbacher konnte fliehen. Zuerst schaffte er es in die Schweiz. 1527 wurde er in Rottweil, das damals zur Schweiz gehörte, verhaftet, aber nicht an den Kaiser ausgeliefert, und schließlich freigesprochen. 1529 brachte er es zum Küchenmeister des Markgrafen von Baden, dann verlieren sich seine Spuren.

Beliebt bei Mensch und Tier

In Deutschland vorherrschend sind die beiden Eichenarten Stiel- und Traubeneiche. Beliebt sind diese eindrucksvollen Bäume nicht nur bei den Menschen, sondern – vor allem in jungen Jahren – auch beim Schalenwild, beispielsweise bei Hirschen und Rehen. Die mögen die zarten Endtriebe, deren Verlust oft dazu führt, dass der Eichenspross erst mal nicht mehr weiterwächst. Ein anderes Problem für kleine Eichen ist die Überwucherung durch andere Pflanzen wie etwa Brombeeren. Hier sind Hirsche und Rehe auf der Suche nach verlockendem Grün eher hilfreich, wenn sie deren Ranken durch Verbiss stutzen, denn Eichen mögen und brauchen mehr Licht als etwa Buchen.

„Ich will auch in die Schule!“

Im Sommer 1571 hatte der 11-jährige Hans sein erstes Schuljahr hinter sich. Seit 1570 gab es in Feuerbach nämlich eine „teutsche Schule“ – eine Volksschule, für die die allgemeine Schulpflicht galt. Allerdings nur im Winter. Ab dem Frühjahr mussten die Kinder mit aufs Feld und überall anpacken.

Heute trieb Hans die Schweine seines Vaters in den Wald. Grunzend pflügten sie den Boden um auf der Suche nach köstlichen Eicheln, eine Leibspeise der Borstentiere. Jetzt musste er nur auf sie aufpassen und zusehen, dass er sie am Spätnachmittag auch wieder aus dem Wald herausbekam. Langsam trieb er sie den Hang hinauf und setzte sich ins Moos vor der Eiche an der Weggabelung. Unten vom Lindenbachtal her hörte er das Lachen von Gretel. Eigentlich hieß sie Margarethe, aber alle riefen sie nur Gretel. Hans hatte gehofft, dass sie kommen würde. Deshalb hat er auch seine Schweine viel weiter in den Wald getrieben, als es sein Vater eigentlich wollte. Aber so hatte er die Chance, Gretel zu treffen, die am Lindenbach Gänse hütete. Das war eigentlich auch viel zu weit weg von Weil im Dorf, wo sie wohnte. Sie teilte sich mit ihrer älteren Schwester die Aufgabe des Gänsehütens. Gretel war am Vormittag dran und gerade von ihrer Schwester Elisabeth abgelöst worden. Nun stapfte sie hoffnungsvoll den Weg zur Gabelung hoch.

Sie wurde nicht enttäuscht. Hans saß da, hatte sein Vesper ausgepackt und bot ihr ein Stück Käse und einen Apfel an. Der war, weil vom vergangenen Sommer, gut abgelagert und recht schrumpelig.

Verlegen setzte sich Gretel neben Hans, beide rot bis hinter die Ohren. Zuerst sprachen sie kein Wort, saßen nebeneinander und aßen.

Schließlich brach Gretel das Schweigen: „Und? Wie geht es dir?“

„Na ja, es geht. Mein Vater schimpft halt immer noch schwer, dass in Feuerbach die Schulpflicht eingeführt wurde. Der Schultes achtet sehr drauf, dass wir Kinder auch hingehen. Mein Vater beschwert sich, dass er deshalb mehr arbeiten muss.“

Gretel seufzte. „Ich würde auch gerne in die Schule gehen. Aber mein Vater lässt mich nicht. Daheim gäbe es genug Arbeit und später würde ich sowieso verheiratet, da bräuchte es keine Schule! Wie viele Mädchen habt ihr denn in der Schule?“

„Keine! Kein Vater lässt seine Tochter in die Schule, obwohl ihr ja eigentlich auch kommen solltet!“

„Wir dürfen aber nicht! – Wie ist sie denn, die Schule?“

Hans zögerte mit der Antwort. „Naja, einerseits toll, andererseits schrecklich! Wir sitzen in der Kirche, alle Jungs zusammen. Da lesen wir im Gesangbuch und müssen alles auswendig lernen. Wir rechnen auch mit den Fingern, das macht mir mehr Spaß. Aber wir sollen dauernd stillsitzen und den Mund halten, nur nicht, wenn wir was gefragt werden. Kannst du dir vorstellen, wie das ist, die ganze Zeit stillzusitzen?

Wenn ich das daheim mache, krieg' ich eins hinter die Ohren und der Vater gibt mir gleich eine neue Arbeit. Wenn ich in der Schule nicht stillsitzen bleibe, kriege ich auch eins hinter die Ohren. Das soll mal einer verstehen! Und unser Lehrer kann ordentlich zuschlagen!"

Stille. Beide grübelten vor sich hin. Nach einer Pause sagte Gretel nachdrücklich: „Du, Hans, ich wär trotzdem gerne in der Schule!"

Die Reformation brachte verschiedene revolutionäre Änderungen mit sich. Eine davon war, dass es nun bestimmte Vermittler zwischen dem einzelnen Menschen und Gott nicht mehr gab: keine Heiligen, keine Mutter Gottes, keine heilige Kirche mehr. Sie hatten als Bindeglied ausgedient. Die Vermittlungszentrale zwischen Gott und Mensch war nicht mehr die römisch-katholische Kirche, sondern einzig die Heilige Schrift. Nun konnte und musste jeder Mensch seine Anliegen mit Gott direkt klären. Um aber die Bibel lesen und deuten zu können, musste man lesen und schreiben können. Also war es das Ziel aller Reformatoren, Schulen zu gründen. Auch Pädagogik war ihnen wichtig. Denn nur wer lesen und schreiben kann und gelernt hat, sich gedanklich mit den Dingen zu befassen, kann auch verstehen, worum es geht.

Württemberg war in der Entwicklung diesbezüglich weit voraus und erließ 1559 die Große Württembergische Kirchenordnung, die neben Bekenntnis, Liturgie und Armenwesen auch die allgemeine Schulpflicht einführte – für Mädchen und Jungen.

Das Ganze bezahlt vom Staat. Der württembergische Herzog Christoph hatte zusammen mit dem Reformator Johannes Brenz römisch-katholisches Eigentum nicht nur verstaatlicht, wie sein Vater Herzog Ulrich das getan hatte – Herzog Ulrich zahlte damit allerdings lediglich seine enormen Schulden zurück –, nein, Herzog Christoph hatte den römisch-katholischen Besitz in eine Schul- und Armenstiftung eingebracht. Mitsamt den Klöstern. Nützliche Gebäude waren also schon mal vorhanden. Nun unterhielt der Staat überall Schulen für das Volk unter Aufsicht der Ortspfarrer. Diese hatten Lehrer anzustellen und den Unterricht zu visitieren, also aufzupassen. Lehrer und Pfarrer waren außerdem von höchster Stelle angewiesen, unter ihren Schülern nach „Käpsele“ zu suchen, also nach begabten Zöglingen. Diese waren zu melden und wurden auf Staatskosten in die neuen Internate aufgenommen. Zu diesem schönen Zweck hatten der Herzog und sein Reformator 14 Klöster umgewidmet. Maulbronn, Bebenhausen und Denkendorf waren für die Feuerbacher Schüler die nächstgelegenen. Wer auch noch in den Klosterschulen durch Geistesblitze auffiel, konnte nach der Schule auf Kosten des Staates an die Tübinger Universität gehen, nämlich in das aufgelöste Augustinerkloster – das heute noch existierende Evangelische Stift. Das Grundstudium war sehr breit gehalten, heute würde man es Studium generale nennen.

Diese Idee des Herzogs und seiner Reformatoren, gescheiten Nachwuchs zu rekrutieren, erwies sich als ebenso zweckmäßig wie weitblickend: Auf diese Weise bekam das evangelische Württemberg schnell eine zahlenmäßig vergleichsweise große und breit angelegte Bildungsschicht aus Lehrern, Pfarrern, Juristen, Medizinern und Beamten.

Übrigens: In Deutschland hält man oft Friedrich Wilhelm I. von Preußen für den Erfinder der allgemeinen Schulpflicht. Das stimmt auch, aber nur für Preußen, wo der König sie 1717 mit einem Generaledikt einführte, weil er der Ansicht

war, in den Schulen würden die Kinder zu guten Untertanen erzogen. Allerdings stieß er auf denselben Widerstand wie die evangelischen Idealisten in Württemberg: Auch die preußischen Bauern sahen gar nicht ein, warum der Nachwuchs, statt seine Arbeitskraft auf dem Feld und dem Hof einzubringen, gemütlich in der Schule herumsitzen sollte, während sie schufteten, um das Nötigste zum Leben zusammenzubringen.

Die evangelischen Württemberger waren mit der Schulpflicht rund 150 Jahre früher dran. Freilich sah die Realität auch hier wenig rosig aus. Die Schulen konnten nur gegen den Widerstand der Väter und Mütter eingerichtet werden. Oft fehlten Lehrer. Die mussten ja schließlich erst ausgebildet werden. Unterrichtet wurde anfangs in den Kirchen. Es gab eine Tafel, als Schulbuch den Katechismus, und nach und nach Gesangbücher. Der Unterricht bestand aus vortragen, wiederholen, auswendig lernen. Auf einen Lehrer kamen leicht 100 Schüler.

Aber keine Schülerinnen. Die Eltern ließen ihre Töchter nicht in die Schule, was auch lange ungestraft blieb. Erst nach dem Dreißigjährigen Krieg (1618–1648) kamen die Mädchen, nachdem den Eltern drakonische Strafen in Aussicht gestellt worden waren: „Es isch billiger, des Mädle in d'Schul zu schicka!" Nach wie vor durften die Kinder die Volksschule oft nur im Winter besuchen, denn in den wärmeren Jahreszeiten wurde auf dem Feld gearbeitet. Weiterführende Schulen für Mädchen gab es erst im ausgehenden 19. Jahrhundert.

Gretel sah prüfend nach dem Stand der Sonne. „Du, Hans! Ich muss los, sonst krieg ich Ärger. Wenn wir uns wieder treffen, zeigst du mir dann, wie man mit den Fingern rechnet?"

„Klar! Aber das darf niemand sehen!"

Dafür bekam Hans einen Kuss auf die Backe. Gretel verschwand und Hans machte sich mit hochrotem Kopf daran, seine Schweineherde zusammenzutreiben.

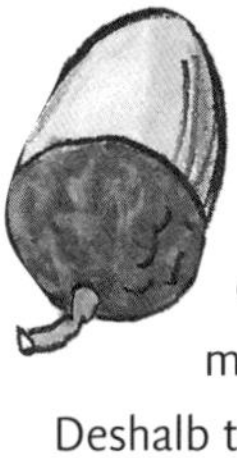

Eichelmast

Eicheln gehören zu den Lieblingsspeisen von Schweinen. Durch den hohen Stärke- und Fettgehalt bekommen die Tiere ein fein marmoriertes Fleisch, was sich bestens auf die Qualität auswirkt. Deshalb trieb man Borstenvieh schon im Mittelalter in die Wälder, wo es sich nicht nur an Eicheln, sondern auch an Bucheckern und Kastanien, Kräutern und Wurzeln satt fraß. Heute kommt die Eichelmast vorzugsweise in Südspanien und Portugal vor, doch auch in Württemberg werden beispielsweise Schwäbisch-Hällische Schweine mit bis zu 20 Prozent Eicheln gefüttert.

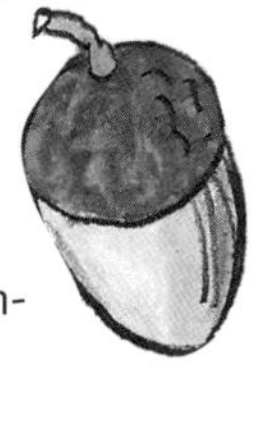

Leben? Überleben!

Nicht die Sonne weckte Jerg Hermann im Mai 1636, sondern sein knurrender Magen. Die Sonne konnte ihn allerdings auch gar nicht wecken, denn sie erreichte seine Höhle nicht. Zusammen mit Gerlinde hatte er sie im Herbst 1635 in die Böschung der kleinen Schlucht auf der anderen Seite der jungen Eiche gegraben und sie nach und nach ausgebaut. Mit Tannenreisig hatten sich die beiden ein Lager errichtet, das trocken war, davor eine Feuerstelle. Den Winter hatten die beiden jungen Leute gerade so überlebt und wie so oft mussten sie jetzt erst einmal etwas zu essen finden. Gerlinde schürte die kleine Glut und versuchte ein paar Flammen zum Lodern zu bringen, um sich nach der kalten Nacht aufzuwärmen.

Jerg drehte sich zu Gerlinde um. „Ich gehe mal bis zur Gabelung und suche Bastian! Vielleicht können wir zusammen nach Feuerbach schleichen und schauen, ob wir dort etwas Essbares auftreiben!"

„Einverstanden. Aber melde dich, ich gehe dann mit!"

Bei der Gabelung angekommen, ging Jerg Hermann zum nächsten dicken Baum und schlug im Takt mit einem Stock gegen den Stamm. Zweimal kurz hintereinander, Pause, dann nochmal. Er sah zum Fürchten aus, war dreckig von oben bis unten, selbst in seinen langen Haaren klebte getrockneter Lehm. Gerlinde sah auch nicht anders aus. Was sie am Leib trugen, war alles, was sie hatten, da musste man auf wärmeres Wetter warten, um die zerschlissene Kleidung waschen zu können.

Nach kurzer Zeit kam Bastian Gerlach von der oberen Klinge herunter. Zusammen mit seiner Frau Grete hauste er dort in einer Höhle. Er ging mühsam, war alt und vom Leben schwer gezeichnet. Immerhin hatte er den Überlebenskampf noch nicht aufgegeben.

„Sag mal“, fragte er deshalb neugierig, „wieso sieht man bei dir kaum Rauch. Du musst doch auch feuern, um nicht zu erfrieren.“

„Ich habe mir einen Rost aus Zweigen gebaut, frisches Grün reingeflochten und das Ganze wie ein Dach hoch über dem Feuer aufgehängt. Das fächert den Rauch auf, so sieht man ihn weniger. Das solltest du auch machen, dein Qualm zieht sonst noch allerlei Gesindel an!“

Bastian seufzte. „Meine Kräfte lassen nach. Ich hab solchen Hunger! Wir sollten nach Feuerbach rein. Irgendwas muss ich zu essen auftreiben. Grete ist schon ganz schwach.“

„Du hast recht. Wir müssen uns nur vor den Leuten in Acht nehmen. Ich hab keine Lust auf die Pest!“

Nicht nur, dass Krieg herrschte, und das seit bald 20 Jahren. Nun war noch die Pest dazugekommen. Und das Wetter war katastrophal. In Württemberg herrschte seit Beginn des 17. Jahrhunderts eine kleine Eiszeit. In Feuerbach waren von 1611 bis 1623 jedes Jahr die Blüten des Weinstocks erfroren. Ohne Blüten keine Trauben, ohne Trauben kein Wein, ohne Wein kein Geld. Das Haupteinkommen der Menschen war weggebrochen. Auch die alteingesessenen, durchaus wohlhabenden Familien Gerlach und Hermann nagten am Hungertuch.

Dann kam es noch schlimmer. 1626 schleppten durchmarschierende Soldaten die Pest ein. Von 800 Einwohnerinnen und Einwohnern starben 109. Die Überlebenden hungerten weiter.

Vom Dreißigjährigen Krieg, der 1618 begann und 1648 endete – die historische Wissenschaft spricht von der „Urkatastrophe Europas“ und dem „deutschen Trauma“ – merkten die Menschen in Württemberg zunächst nicht viel. Die Pest gab es an einzelnen Orten, aber nicht flächendeckend. Zu den Grausamkeiten des Krieges mit Mord, Totschlag, Folter, Vergewaltigen, Plündern und Verbrennen kam es hier erst ab 1634. Da brannte es in Württemberg. Die Protestanten hatten die Schlacht von Nördlingen verloren, jetzt zogen die kaiserlichen katholischen Truppen durch das Land und verwüsteten alles. In Feuerbach flohen die einfachen Menschen in die Wälder, die noch reicheren Bauern und die Obrigkeit in die Reichsstadt Esslingen. Stuttgart bot keinen Schutz. Die Regierung des Herzogs war geflohen, in der Stadt lagen spanische Truppen, Feuerbach war eine offene Flanke. Der Feuerbacher Pfarrer Johann Georg Cellius wurde auf seiner Flucht nach Esslingen immer wieder malträtiert: „umbgejagt wie ein Hirsch im Wald“. Er erreichte Esslingen zwar noch, war aber so schwer verletzt, dass er dort seinen Verletzungen erlag.

Und wieder kam die Pest. 1634 und 1635 starben in Feuerbach 527 von jetzt 900 Einwohnern daran. Wer konnte, floh. So auch die alten Gerlachs, die ihre Kinder an den Schwarzen Tod verloren hatten. Jerg und Gerlinde taten sich zusammen. Von ihren Familien waren nur noch sie beide übrig. Sie waren jung, sie mochten sich, so hatten sie vielleicht noch eine Chance zum Überleben.

Nun schlichen Jerg, Gerlinde und Bastian nach Feuerbach hinein. Einerseits, um zu sehen, ob Soldaten da waren, dann hieß es, sich umgehend unsichtbar zu machen. Andererseits, um zu prüfen, ob noch jemand lebte. Nicht nur den Soldaten galt es auszuweichen. Jeder konnte die Pest am Leib haben und die Ansteckungsgefahr war viel zu hoch, als dass man sich freiwillig einer Begegnung ausgesetzt hätte. Dann war an eine Durchsuchung der Häuser nicht mehr zu denken und man musste mit leeren Händen in den Wald zurückkehren. Hunde und Katzen gab es längst keine mehr in Feuerbach, sie hatten als Nahrung herhalten müssen. Von den Ratten ließen sie die Finger. Allerdings konnte man in den Gärten schauen, ob es etwas auszugraben gab. Falls nicht, bedeutete das, wieder einmal im Wald Fallen zu stellen, Gräser und Rinden zu kochen – und nachts ein Feuer zu unterhalten, denn inzwischen gab es wieder überall Wölfe in Württemberg. Auch die hatten Hunger.

In Feuerbach stank es unbeschreiblich. Gerlinde versuchte, ganz flach zu atmen. „Außer den Toten scheint niemand mehr da zu sein! Also gut: Ich nehme den linken Teil, Jerg, du den rechten! Und du, Bastian, gehst am besten unten am Feuerbach entlang. Heute Abend treffen wir uns bei der Eiche!“

Es war Abend geworden. Außer alten Säcken, zerrissenen Kleidungsstücken und Lumpen hatten sie noch etwas Geschirr gefunden. Außerdem in einem Stall vertrocknete Futterrüben. Besser als nichts! Nun saßen alle vier beisammen.

„Wir werden dieses Jahr nicht überleben“, sagte Grete ruhig. „Beerdigt uns wenigstens christlich und sprecht ein Vaterunser über uns! Ihr seid noch jung! Ihr könntet überleben!“

Gerlinde schluckte. Doch es stand zu befürchten, dass Grete die Situation realistisch einschätzte. Sie nickte ihr zu. „Jedenfalls versuchen wir es. Vielleicht finden wir auch endlich einen Pfarrer, der uns traut. Wir wollen doch heiraten.“

„Solange ihr noch solche Träume habt, ist die Welt noch nicht verloren! Gott befohlen!“

Zum ersten Mal seit Monaten lachten alle.

1643, der Krieg war noch längst nicht zu Ende, auch wenn schon Verhandlungen zur Beendigung begonnen hatten, meldete der Vogt seinem Herzog, der Flecken Feuerbach sei unbewohnt und aufgegeben. Dieses Schicksal teilten viele Ortschaften in Württemberg und Baden in dieser Zeit. Dann kam der Friedensschluss, der sogenannte Westfälische Friede. Die Menschen atmeten auf. Und da sie nicht vom Brot allein leben wollten, blühte auch der Weinbau wieder auf. In Württemberg und in Baden. Beispielsweise in Sasbachwalden. Dieser badische Ort am Westrand des Nordschwarzwalds war nach dem Dreißigjährigen Krieg Straßburger Bischofsland und die Württemberger hatten einige Jahre lang das Durchzugsrecht, um zu ihren heute französischen Gebieten zu gelangen: Horburg (Horbourg), Reichenweier (Riquewihr) und Mömpelgard (Montbéliard). Auch Sasbachwalden war menschenleer gewesen, als nach dem Dreißigjährigen Krieg ein durchreisender Winzer genau schaute, an welchen Hängen die Südsonne am ausgiebigsten schien, und im Frühjahr anfing, die brachliegenden Rebstöcke zu schneiden,

Pflöcke einzuschlagen und sie aufzurichten. Als er so mit dem Hammer die Pflöcke einschlug, hörte er von Ferne das gleiche Geräusch. Es musste also außer ihm noch einen geben, der nicht nur etwas vom Weinbau verstand, sondern ebenfalls wieder anfing, in die Zukunft zu investieren. Er ging den Schlägen nach und fand einen Winzer, der ebenfalls Pflöcke einschlug. Die beiden sahen einander an und nickten sich zu. Der andere begann das Gespräch – im badischen Dialekt, denn er war von hier: „De Alde Gott lebt noch!" Der „Alde Gott" heißt bis heute die beste Lage in Sasbachwalden. Ein sehr guter Spätburgunder.

Das Leben fing wieder an. Auch in Feuerbach. Die Familien Gerlach und Hermann gibt es heute wieder in Feuerbach. Und die Eiche steht immer noch.

Ein hervorragendes Brennholz

Eiche ist ein sogenanntes Hartholz und außerordentlich dicht, weshalb es einen hohen Brennwert hat, nämlich rund 2100 kWh pro Raummeter, ähnlich wie Buche oder Esche. Und da dieser Baum nach der Buche der zweithäufigste Baum in Deutschland ist und fast 12 Prozent des gesamten Baumbestands ausmacht, wird sein Holz gerne als Brennholz verwendet. Allerdings hat die hohe Dichte des Holzes auch eine Kehrseite: Größere Flammen, deren Anblick man am Kamin so gerne genießt, entwickeln sich bei Eichenscheiten nicht. Wer loderndes Feuer sehen möchte, muss auf anderes Holz zurückgreifen. Aber als Lieferant für eine ordentliche Glut eignet sich Eichenholz sehr gut. Insofern kann auch unsere Eiche im Feuerbacher Wald von Glück sagen, dass sie den Dreißigjährigen Krieg überlebt hat.

Der einzige Mann am Stuttgarter Hof

Herzogin Magdalena Sybilla hob die Augenbrauen und schaute ungnädig. Sie saß hoch zu Ross, während ein württembergischer Soldat die Zügel ihres Pferdes hielt. Eigentlich hätte sie standesgemäß mit Kutsche oder Sänfte transportiert werden müssen. Doch die Zeiten waren 1688 nicht danach. Vor ihr stand ein Kundschafter und ließ die herzogliche Gereiztheit untertänigst über sich ergehen.

„Was soll das heißen, Obergeneral Montclar ist nicht mehr allein mit seinen Truppen?“, fauchte die Herzogin. „Ist etwa dieser Marschall Mélac bei ihm?“

„Jawohl, Durchlaucht, ich habe ihn mit eigenen Augen gesehen! Aber man kann die Franzosen auch schon von Weitem sehen! Überall dort, wo sie durchziehen, brennen die Dörfer und Städte! Und sie sind schon bei Heilbronn.“

Die Herzogin hatte nicht zufällig die Weggabelung mit der stattlichen Eiche im Feuerbacher Wald für das Treffen ausersehen. Diesen Treffpunkt kannte jeder ihrer Kundschafter. Seit dem Dreißigjährigen Krieg hatte der Weg beim Volk allerdings einen recht einschlägigen Namen bekommen: „Richtstattallee“. Die zum Tode Verurteilten aus dem Westen und Südwesten des Landes kamen nämlich auf ihrem Leiterwagen hier vorbei. Der rumpelte dann weiter zur Wolframshalde unterhalb des Pragsattels, wo der Galgen auf sie wartete. An der Eiche bei der Gabelung kamen sie alle vorbei. Und schon der Name des Wegs sorgte für ein gewisses Einknicken derer, die hier ihrer Obrigkeit entgegentraten.

An diesen symbolträchtigen Ort hatte Magdalena Sybilla ihre Kundschafter aus dem Westen, Süden und Norden einbestellt. Etwas erleichtert hörte sie, dass es im Westen und Südwesten noch ruhig sei. Doch dann kam der Bote aus Heilbronn und die Lage änderte sich schlagartig. Nun musste die Herzogin Verhandlungsgeschick beweisen, wollte sie wenigstens einen Teil ihres Landes retten.

„Du gehst zurück nach Heilbronn!", befahl sie dem Kundschafter. „Einer meiner Offiziere wird dich begleiten. Du führst ihn zu Montclar und Mélac!"

Der Soldat schluckte und salutierte wortlos.

Die Herzogin wandte sich zu den hinter ihr wartenden Offizieren und Räten. „Krummhaar, du bist mein Parlamentär und reitest Montclar und Mélac entgegen. Ich bin bereit zu verhandeln. Sie finden mich im Schloss zu Stuttgart. Der Kundschafter wird dir den Weg zu den Franzosen zeigen!"

„Zu Befehl!"

„Viel Glück! Wir reiten nach Stuttgart zurück. Möge der Himmel uns beschützen!"

Marschall Mélac, ausgerechnet! Als „Mordbrenner" und „Verwüster der Pfalz" in den Jahren 1688 und vor allem 1689 sicherte er sich seinen Platz in den Geschichtsbüchern. Mannheim hatte er auf dem Gewissen, das Heidelberger Schloss und die Stadt ließ er anzünden. Auf Befehl seines Herrschers, des Sonnenkönigs Ludwig XIV. in Versailles, zog er brandschatzend durch die Lande, verwüstete zahlreiche Ortschaften. Er war sicher nicht der Erfinder des Systems „verbrannte Erde", aber einer, der die Zerstörung der Lebensgrundlagen in umkämpften Gebieten nahezu perfektionierte.

Der Grund dafür: Machthunger! Ludwig XIV. wollte alle deutschen Gebiete links des Rheins haben, und wenn es sich ergab, auch gerne noch etwas mehr. Der Anlass: Ludwigs Bruder Philipp von Orléans war mit Liselotte von der Pfalz verheiratet, und als deren Bruder Karl, der die Pfalz regierte, ohne Nachkommen starb, nützte der Sonnenkönig die günstige Gelegenheit und erhob Anspruch auf das Erbe. Pariser Gerichte bewerteten seinen Anspruch gehorsam als legitim. Der Titel: Pfälzischer Erbfolgekrieg. Das Mittel der Wahl: Menschen ausplündern, bei Widerstand ermorden. Dörfer, Städte, Burgen und Paläste zerstören. Was nicht geplündert werden kann, verbrennen.

Der Kaiser in Wien war machtlos, denn die Türken standen vor Wien und sein General Prinz Eugen stand dort in ständigen Gefechten. Dazu brauchte er alle Hilfe, auch die der Truppen aus dem ganzen Reich, darunter das württembergische Kontingent. Ludwig XIV. sah die offene Flanke und ließ Mélac von der Leine. Der wütete in der Pfalz, dann war auch Württemberg dran.

Die französischen Truppen besetzten Feuerbach, die Bevölkerung floh. Wer sich in den Wäldern verstecken wollte, zog Richtung Westen, kam mit Sack und Pack die Richtstattallee entlang und an der Eiche vorbei. Feuerbach war fast menschenleer. Die wenigen, die geblieben waren, wurden ausgeraubt. Sie berichteten später, dass die französischen Truppen über die Weinfässer in den Kellern hergefallen seien. Stockbetrunken seien sie dann nach Stuttgart weitergezogen. Feuerbach wurde nicht angezündet, aber alle Fässer zerschlagen und die Keller mit Wein geflutet. Es gab 1688 keinen Tropfen genießbaren Weins mehr in Feuerbach.

Die Herzogin verhandelte im Alten Schloss. Die Regierung war geflohen. Sie war Witwe, ihr Mann, Erbprinz Wilhelm Ludwig, war schon nach vier Jahren Ehe verstorben. Ihr Sohn Eberhard Ludwig, der zukünftige Herzog Württembergs, war noch minderjährig und so führte ein Herzog-Administrator auf Anweisung des Kaisers, sehr zum Unwillen der Herzogin, die Geschäfte, war aber mit Eberhard Ludwig und allen Hochgestellten nach München geflohen. Kurz: Die Herzogin war allein.

Sie war jedoch nicht auf den Kopf gefallen. Geschickt verhandelte sie mit Mélac, bot ihm die Übergabe der Festungen Hohenasperg und Hohentübingen an. Und hatte noch einen Trumpf im Ärmel: die befestigte Stadt Schorndorf, die zwar so geschwächt war, dass man ihre rasche Niederlage befürchten musste, aber das musste man Mélac ja nicht auf die Nase binden. Der Preis für das Angebot? Stuttgart müsse verschont bleiben. Mélac war von der Herzogin und ihrem Verhandlungstalent und Auftreten so angetan, dass er nicht nur einwilligte, sondern anerkennend über sie verbreiten ließ, sie sei der einzige Mann am Hofe in Stuttgart gewesen, der Rest nur Pfeifen und Feiglinge.

Nun zog Mélac nach Schorndorf. Da hatte er aber die Rechnung ohne die Frauen von Schorndorf gemacht. Die Geschichte ihrer Rettungsaktion ging unter dem Namen „Die Weiber von Schorndorf" in die württembergische Geschichte ein. Und das kam so: Als die Höflinge aus Stuttgart am 7. Dezember 1688 dort eintrafen und die schlechte Botschaft brachten, dass ihre Stadt als Gegenleistung für die Verschonung Stuttgarts ausersehen war, verschloss der Stadtkommandant Obrist Peter Krummhaar erst einmal die Stadttore – er war übrigens der Vater des jungen Offiziers, der vor Heilbronn den Franzosen das Verhandlungsangebot der Herzogin überbracht hatte. Der Rat der Stadt unter Bürgermeister Johann Heinrich Walch zog sich mit den Räten aus Stuttgart zur Besprechung ins Rathaus zurück. Walchs Frau Anna Barbara traf den Obristen Krummhaar auf der Straße und wollte energisch wissen, was das Schließen der Stadttore an helllichten Tag zu bedeuten hatte. Der Obrist plauderte aus dem Nähkästchen.

Anna Barbara – später Künkelin genannt nach ihrem zweiten Ehemann Johann Georg Künkelin, dem Nachfolger ihres Mannes als Bürgermeister, den sie als Witwe kurzerhand heiratete – schwoll der Hals. Sie versammelte die Frauen Schorndorfs, die sich mit Dreschflegeln, Heugabeln, Spießen und Messern bewaffneten. Gemeinsam umzingelten sie das Rathaus und ließen niemanden herein und hinaus. Anna Barbara schlich über den Kellereingang ins Rathaus und verkroch sich im großen Kachelofen der Ratsstube, der vom

Gang aus beheizt wurde, dessen Glut aber erloschen war. Hier konnte man alles hören, was drinnen gesprochen wurde. So belauschte sie die hohen Herren und erfuhr, dass der Rat kapitulieren wollte. Aber dazu hätte er erst einmal an den Frauen vorbei gemusst. Die schlossen die Männer nämlich im Rathaus ein, ließen sie drei Tage lang hungern und dürsten und besetzten derweil die Stadtmauern und Türme. Die Franzosen dürften ziemlich verblüfft geschaut haben, als sie ankamen und „die Weiber von Schorndorf" auf den Mauern sahen. Sie zogen wieder ab, verbrannten zur Hebung des Selbstgefühls allerdings noch die Dörfer und Weiler rund um Schorndorf. Historisch verbürgt ist, dass sie abzogen, weil sie die Nachricht erhalten hatten, dass der Kaiser vor Wien über die Türken gesiegt hatte und nun ein kaiserliches Ersatzheer von Ulm aus unterwegs zu ihnen war. Sich einer großen Schlacht stellen wollten sie nicht, nur rauben, plündern und demoralisieren, gemäß ihrer Order.

Der Ruhm aber gebührte der Künkelin.

Henkerseiche und Galgen

Im Erfinden von Arten, seinesgleichen vom Leben zum Tode zu befördern, ist der Mensch von allen Lebewesen auf der Erde ungeschlagen. Eine der ältesten Hinrichtungsarten ist das Hängen. Dazu brauchte man auch schon in früheren Zeiten nur etwas Stabiles, das hoch genug war, und ein ordentliches Seil. Stabil und hoch waren Bäume, und besonders stabil und hoch genug waren Eichen. So mancher unschuldige Eichbaum trägt noch heute die Bezeichnung Henkerseiche. Später wurde das Prozedere verfeinert – man baute Galgen. Auch die gerne aus Eichenholz, zwecks Stabilität, siehe oben. Ein Schicksal als Henkerseiche ist unserem Baum im Feuerbacher Forst glücklicherweise erspart geblieben.

Der schwäbische Salomo

Eines vorneweg: Es ist höchst unwahrscheinlich, dass Pfarrer Flattich und Herzog Carl Eugen sich je begegneten, geschweige denn, dass Flattich an Abendgesellschaften des Herzogs teilnahm. Weil aber einerseits Untertanen, die unter despotischen Herrschern leiden, ihrer Seele gerne Luft machen, indem sie Anekdoten erfinden, in denen ein tapferer Mensch dem Despoten gegenübertritt und einfache Wahrheiten ausspricht, die der Herrscher lieber nicht hören will, und weil andererseits Flattich für seinen Pragmatismus und seine Schlagfertigkeit im Land immer bekannter wurde, dauerte es nicht lange, bis hübsche, aber historisch gesehen nicht der Wirklichkeit entsprechende Geschichten die Runde machten. Sie handelten davon, wie Flattich ebenso trocken wie wirkungsvoll dem absolutistisch regierenden Herzog Paroli geboten haben soll. Einige sollen hier erzählt werden.

Im Juni 1753 trotteten zwei Männer neben ihren gesattelten Reitpferden auf der Richtstattallee her Richtung Solitude. Pfarrer Johann Flattich, bald 40 Jahre alt, knirschte mit seinen Zähnen, offenbar hatte er an etwas zu kauen. Möglicherweise an der Tatsache, dass Herzog Carl Eugen seine Anwesenheit befohlen hatte. Auch sein Begleiter, ein Diener des Herzogs, biss sich auf die Zähne. Aber aus einem anderen Grund. „Herr Pfarrer, können wir kurz halten? In Reitstiefeln zu marschieren tut weh. Die sind fürs Reiten gemacht, nicht fürs Laufen. Ich verstehe Sie nicht! Der Herzog gibt mir ein Pferd für Sie mit, und Sie weigern sich zu reiten!“

„Erstens hat der Herrgott mir meine Beine dazu gegeben, dass ich damit laufe!“, versetzte Flattich knapp. „Außerdem setze ich mich nicht aufs hohe Ross, und deshalb auch nicht auf den Gaul des Herzogs!“

„Aber denken Sie wenigstens an mich arme Sau! Der Herzog hat mir befohlen, Sie auf einem Reitpferd zu ihm zu bringen. Wenn der mitbekommt, dass wir gelaufen statt geritten sind, bekomme ich von ihm mit der Reitpeitsche ein paar übergezogen!“

„Ich werd' es ihm selbst sagen, dass ich mich geweigert habe und Euch deshalb keine Schuld trifft“, versprach Flattich. Damit war die Angelegenheit für ihn beendet.

Johann Flattich hatte 1742 seine erste Pfarrstelle an der Michaelskirche in Asperg bekommen. Sie umfasste die Schäfchen im Dorf und auf der Festung. Dort auf dem „Hohen Asperg“ saßen nicht nur normale Gefangene, sondern auch die „Gefangenen des Herzogs“ – heute würde man von politischen Gefangenen sprechen.

Die harte Festungshaft war gefürchtet. Auch bekannte Leute wurden ohne viel Federlesens eingekerkert. Der Dichter Christian Schubart etwa saß dort ab 1777 zehn Jahre ohne Gerichtsverfahren ein, weil er den Despotismus des Herzogs und die Dekadenz des Hofes kritisiert hatte, indem er die Mätresse des Herzogs, Franziska von Hohenheim, eine „Lichtputze, die glimmt und stinkt“ nannte. Die Stuttgarter Opernsängerin Marianne Pirker und ihr Mann wurden auf dem Asperg acht Jahre lang in Einzelhaft festgehalten. Marianne Pirker hatte nämlich während ihres Engagements in Stuttgart mit der Frau von Carl Eugen, Elisabeth von Brandenburg-Bayreuth, Freundschaft geschlossen. Als Sängerin am Hof und an der Oper bekam sie mit, hinter wem der Herzog unter den Schauspielerinnen und Sängerinnen so alles her war, und steckte es ihrer Freundin. Das kam natürlich heraus und Pirker wurde samt Gatte auf den Asperg geschafft. Die Herzogin hatte nun allerdings die Nase voll von dem untreuen Gatten, der sie durch seine Eskapaden demütigte und lächerlich machte, deshalb kehrte sie nach Bayreuth zurück, wo sie einen großen Hofstaat eröffnete und in das Markgräfliche Opernhaus ihrer Mutter – heute das weltweit besterhaltene barocke Theater und seit 2012 Weltkulturerbe – neuen Schwung brachte.

Die Stelle der Michelskirche beinhaltete wenig Pfründe und das Gehalt war dürftig. Allerdings wurde Flattich gerne von Offizieren der Festung in Erziehungsfragen bezüglich ihrer missratenen Söhne zurate gezogen und entwickelte eine Geschäftsidee: Er lud die ungebärdigen Sprösslinge zu sich ins Pfarrhaus ein, unterrichtete und verköstigte sie – und machte sich schnell einen guten Namen als Pädagoge. „Nicht durch den Stock, sondern durch Güte und Geduld ändert sich vieles", war sein Motto. Das kam gut an, sowohl bei den Zöglingen, die sich verstanden und respektiert fühlten, als auch bei deren Eltern, die die erfreulichen Ergebnisse dieser Erziehungsmethoden besichtigen konnten.

Auch auf der folgenden Pfarrstelle in Metternzimmern, heute ein Ortsteil von Bietigheim-Bissingen, setzte Flattich sein pädagogisches Werk fort und war damit so erfolgreich, dass er auf seiner nächsten Pfarrstelle in Münchingen einen Anbau am Pfarrhaus errichten ließ, in dem er sein „Privatgymnasium" unterbrachte.

Allerdings hatte er bei seinen ersten Versuchen in Asperg dafür nicht um die Erlaubnis beim Konsistorium – dem heutigen Oberkirchenrat – nachgefragt. Warum fragen, wenn die Antwort wahrscheinlich ein Nein sein würde? Das war damals gut gegangen. So machte er in Metternzimmern weiter. Doch nun hatte es das Konsistorium mitbekommen und Flattich wurde zum Rapport einbestellt. Also ging er nach Stuttgart – zu Fuß, denn Flattich fuhr auch nicht mit der Postkutsche. Mit Kutschen zu fahren, hielt er für Verschwendung des raren Gutes Geld. Unter anderem diese Zurücknahme der eigenen Person war es, die ihm hoch angerechnet wurde. Beim Konsistorium war man ihm mit amtlicher Miene entgegengetreten. Es war nicht leicht gewesen, die Herren zu überzeugen, die mehr darauf setzten, den Katechismus mit dem Rohrstock zu verabreichen, aber er durfte weitermachen. Immerhin.

Flattich schreckte aus seinen Überlegungen auf, als an der Weggabelung bei der Eiche ein aufgescheuchtes Reh aus dem Gebüsch brach und sich in großen Sätzen im Wald in Sicherheit brachte.

Nun betrachtete er stirnrunzelnd den Gaul des Dieners. „Euer Pferd war sicher noch für etwas anderes gut! Erklärt mir doch, was es mit der verzierten Schachtel hinter Eurem Sattel auf sich hat.“

„Herr Pfarrer, gut würde ich das nicht unbedingt nennen. Das ist eine herzogliche Schuhschachtel. Ich musste rote Schuhe zur Tochter des Ochsenwirts in Bietigheim bringen. Die ist sehr hübsch und ist dem Herzog bei einem Durchritt durch Bietigheim aufgefallen. Nun will er ein Techtelmechtel mit ihr. Die hat vielleicht geweint, als ich ihr die roten Schuhe überreicht habe!“

Flattich ärgerte sich. Die roten Schuhe! Keine Frau, kein Mädchen im Herzogtum durfte rote Schuhe tragen, nur die, die der Herzog für sich ausgesucht hatte. Die musste diese Schuhe in der Öffentlichkeit tragen, damit alle sehen konnten, dass sie in der „Gunst" des Herzogs stand. Ob sie das auch wollte, wurde sie nicht gefragt. Jetzt war sie für den Ehemann, den Verlobten und jeden anderen Mann tabu. Sie musste darauf warten, dass der Herzog sie rief. Hatte er kein Interesse mehr, kam der Bote und holte die roten Schuhe wieder ab. Diese öffentlich zur Schau gestellte Sittenlosigkeit auf Kosten der „Auserwählten" und ihrer Umgebung gefiel Flattich ebenso wenig wie vielen anderen im Herzogtum. Doch dass es gefährlich war, den Herzog zu kritisieren, hatte er auf dem Asperg ausgiebig betrachten können.

Flattich ging mit gemischten Gefühlen zur Solitude. Er wusste schon, warum er zum Herzog einbestellt war. Die beiden waren sich ja durchaus schon begegnet, etwa in Ludwigsburg, wo Flattich im Stadtteil Hoheneck Vikar gewesen war, und eben auf dem Asperg. Bei diesen Zusammentreffen war rasch klar geworden, dass der Herzog sich gerne mit ihm unterhielt. Dem gefielen die trockenen Kommentare des Predigers, sodass er ihn gelegentlich selbst zu feinen Hofgesellschaften einlud. Einmal gingen an einem solchen Abend äußerst kostspielige Gläser aus Venedig zu Bruch: „So ein Malheur! Die sind doch sündhaft teuer!" Flattich beteiligte sich nicht an der allgemeinen Bestürzung und wurde daher, so will es die Anekdote, herablassend gefragt, welche Gläser er denn im Pfarrhaus habe. Flattich ungerührt: „Die billigsten! Dann muss ich mich auch nicht ärgern, wenn eines zu Bruch geht!" Verblüffte Gesichter. Das war es, was dem Herzog gefiel.

Auch auf Flattichs ureigenem Gebiet, der Theologie, war sein Umgang mit dem Herzog sehr speziell. So erzählte man sich gerne folgende Geschichte: Als der Herzog einmal an seinem Geburtstag ausritt, begegnete er Flattich vor dessen Kirche und wollte von ihm wissen, was er denn an seinem Geburtstag gepredigt habe. Dass ein Herzog herzogliche Gedanken haben solle, war die Antwort. Der Herzog sei nachdenklich weitergeritten, heißt es.

Natürlich kamen Flattich und der Diener an diesem Abend zu spät. Der Herzog war ungehalten, Flattich verteidigte sich. Er habe den Reitknecht angewiesen, mit ihm zu Fuß zu gehen, weil er das Reiten ablehne. Damit habe er zugleich das Pferd geschont. Der Herzog lächelte, wurde wieder ernst und setzte nach. „Warum hat er sein Haar nicht gepudert, Flattich?"

„Mit Verlaub, Durchlaucht, ich brauche mein Mehl für meine Spätzle!"

Johann Flattich wurde mit der Zeit zur Legende. Zum einen wegen seiner Pädagogik. Für ihn war klar, dass Kinder nicht ungeformte Menschlein waren, die man mit harter Hand und der Peitsche erst noch „formen" musste. Er begegnete ihnen mit Respekt und betonte auch in seinen Predigten, dass die persönliche Entwicklung des Menschen nicht forciert werden sollte, der Mensch brauche Zeit, sich zu einem brauchbaren Mitglied der Gemeinde zu entwickeln. Druck und eine rustikale Behandlung würden nur die Angst, zu versagen, in den jungen Menschen wachsen lassen. Sein ausgeprägtes Taktgefühl gipfelte unter anderem in der Forderung, dass man Kindern und Jugendlichen ihre kleinen Geheimnisse lassen sollte, strenges Nachforschen, so Flattichs Erkenntnis, würde nur die Lüge salonfähig machen. Seine Pädagogik

fasste er in Schriften zusammen, etwa im „Sendschreiben von der rechten Art Kinder zu unterweisen“. Diese Schriften wurden laufend nachgedruckt. So kam sein Gedankengut unter die Leute, dazu geflügelte Worte wie „Kleine Kinder – kleine Sorgen, große Kinder – große Sorgen!“.

Pädagogisch sinnvoll ging er selbst bei Erwachsenen vor. Als eine Ehefrau, die im ganzen Dorf als zänkisch verschrien war, sich bei ihm über ihren Mann ausließ, empfahl er ihr, jeden Morgen nach dem Aufstehen zuerst einmal zum Bach zu gehen, sich dort den flachsten Kieselstein herauszusuchen und unter die Zunge zu legen und nicht auszuspucken. Das Ergebnis: Die Streitereien des Ehepaars nahmen erheblich ab, denn mit einem Kieselstein unter der Zunge kann man nicht schimpfen. Auch der Ehemann nahm sich nun mehr zusammen – die Ehe war gerettet.

Berühmt wurde Flattich aber auch wegen seiner praktischen Tipps zur Haushaltsführung. Von der Kanzel herab verteilte er Ratschläge fürs tägliche Überleben. Die Schäfchen seiner Pfarrstellen in Hoheneck, Asperg und Metternzimmern waren bettelarm und Not kennt kein Gebot. Die Menschen von Metternzimmern beispielsweise waren in der ganzen Gegend als umherziehende Bettler berüchtigt. Ihnen brachte er unter anderem das einfache Rechnen bei und lehrte sie das Führen von Haushaltsbüchern, damit sie Ausgaben und Einnahmen aufschreiben und einander gegeneinanderstellen konnten. „Vom rechten Hausen“ nannte er das und verfasste ein Buch über seine Methoden, das bis ins 19. Jahrhundert nachgedruckt wurde.

Einen ausgezeichneten Ruf trugen ihm neben seiner persönlichen Bescheidenheit seine Großzügigkeit und sein Herz für Arme ein. Einmal kam er nur auf verschlammten Strümpfen nach Hause. Seiner Frau sagte er lapidar, der eine Schuh sei im Schlamm der Straße stecken geblieben. Da habe er auch den zweiten Schuh ausgezogen und daneben gestellt. So würde ein armer Finder ein ganzes Paar Schuhe finden – mit einem allein könne weder er noch der Finder etwas anfangen.

Als er wieder einmal zum Konsistorium nach Stuttgart einbestellt wurde, fand seine Frau, dass er unmöglich mit seinem seit Jahren getragenen alten Anzug dort erscheinen konnte, der war ja nicht nur völlig ausgebeult, sondern auch schon zigmal geflickt. Sie gab ihm Geld für einen neuen Anzug mit und Flattich zog los, kam aber in seinem alten Anzug zurück. Er habe unterwegs eine arme Witwe getroffen, deren Haus versteigert werden sollte, weil sie ihre Schulden nicht mehr bezahlen konnte. Sie habe ihr Haus nötiger gebraucht, als er einen neuen Anzug, da habe er das Geld ihr statt dem Schneider gegeben.

All das wurde von ihm erzählt und so bekam er den Ehrennamen „der schwäbische Salomo" – man verglich ihn mit dem weisen und gerechten König Salomo aus dem Alten Testament.

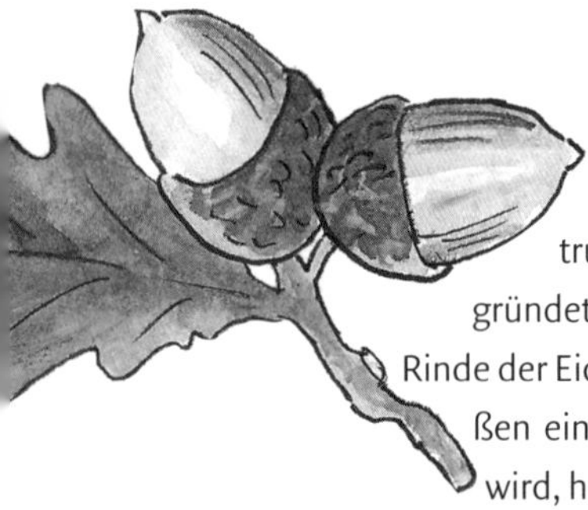

Trutzige, knorrige Eiche

Der Eiche werden gerne die beiden Eigenschaften trutzig und knorrig zugeschrieben. Worauf Letzteres gründet, ist nicht schwer zu erraten: Die anfänglich glatte Rinde der Eiche erhält mit der Zeit tiefe Risse und es bildet sich außen eine dicke Borke. Dass die Eiche als trutzig bezeichnet wird, hängt vor allem damit zusammen, dass sie eine kräftige Pfahlwurzel ausbildet und Stürmen so deutlich besser trotzen kann als flach wurzelnde Bäume wie etwa die Fichte.

„Hegel, du saufst dir noch dein bisschen Verstand weg!“

März 1791, Feuerbacher Wald. Es war später Vormittag. Friedrich Hölderlin, Georg Wilhelm Friedrich Hegel und Friedrich Wilhelm Schelling, die „Tübinger Drei“, waren heute bei der Eiche an der Richtstattallee verabredet. Die war inzwischen so groß und mächtig geworden, dass sie als guter, weil unübersehbarer Treffpunkt genutzt werden konnte, auch wenn die Weggabelung als weiteres Merkmal hilfreich war.

Hölderlin, Schelling und Hegel hausten nicht nur zusammen in einer Stube im Evangelischen Stift in Tübingen, sie waren auch befreundet. In den vergangenen Wochen waren sie zu Verwandtenbesuchen in ihren Geburtsorten gewesen und hatten davor beschlossen, sich am Ende der Semesterferien bei der Eiche zu treffen, um gemeinsam zum Sommersemester nach Tübingen zu reisen. So kam Hölderlin aus Lauffen, Schelling aus Leonberg und Hegel aus Stuttgart. In Stuttgart wollten sie sich nicht treffen – aus gutem Grund. Die Residenzstadt war voller Denunzianten des Herzogs Carl Eugen und die drei wären leicht an ihren schwarzen Stiftsmänteln und Mützen, die an Pfarrertalare erinnern, zu erkennen gewesen. Das hätte übel ausgehen können. Im Stift gärte es nämlich und die drei waren daran nicht unbeteiligt. Die Idee der Freiheit, Gleichheit und Brüderlichkeit hatte sie erfasst, die Französische Revolution war gerade zwei Jahre alt und hatte sich noch nicht in eine blutige Schreckensherrschaft verwandelt. Da konnte man noch träumen. Aber schon das war im absolutistischen Württemberg unter Herzog Carl Eugen brandgefährlich und höchst verdächtig. Der Herzog hatte seine Augen und Ohren überall und ein besonderes Augenmerk auf die demokratischen Umtriebe im Stift. Ständig verlangte er von dessen Leiter, dem Ephorus, Berichte über die Gesinnung der Studenten. Der Ephorus drehte und wand sich in diplomatischer Vorsicht, aber das Stift war und blieb im Visier des Herzogs.

An der Eiche warteten sie aufeinander. Hegel kam als Letzter und roch bereits nach Wein.

„Oh Hegel! Du saufst dir noch dein bisschen Verstand weg!“, schimpfte Schelling.

„Was heißt hier bisschen? Ich hab genug davon, das reicht noch für ein paar feucht-fröhliche Jahre. Ich hatte es ja nicht weit zur Eiche, deshalb bin ich noch in Feuerbach eingekehrt. Bevor die besten Feuerbacher Tropfen als Professorengehalt nach Tübingen gehen, wollte ich meinen Teil abhaben. Ich hab' genug von dem sauren Reutlinger Tischwein für uns Stiftler. Vor dem graut es mir jetzt schon!“

„Meinst du wirklich, wir kriegen beste Reutlinger Lage?“, fragte Schelling ironisch. „An uns wird doch so gerne gespart und der Tübinger Wein ist mindestens so schlecht wie der Reutlinger, aber billiger.“

Zum Reutlinger Wein gibt es eine ebenso hübsche wie unwahre Anekdote. Prinz Eugen von Savoyen, berühmter Feldherr des habsburgischen Reiches, übernachtete 1704 auch einmal in Reutlingen. Als man ihm zur Begrüßung einen Humpen mit Reutlinger Wein reichte, soll er danach gesagt haben, lieber würde er Belgrad noch einmal erobern, als noch einmal Reutlinger Wein zu trinken. Da in den Geschichtsbüchern die Eroberung von Belgrad aber auf das Jahr 1717 datiert wird, dürfte dieses Zitat von einem erfindungsreichen Konkurrenten der Reutlinger Wengerter in die Welt gesetzt worden sein.

Die drei machten sich auf den Weg Richtung Tübingen.

„Und, Holder!", fragte Hegel, „hast du von deinen Verwandten etwas Geld gekriegt fürs Studium?"

„Holder" war Hölderlins Spitzname, „Alter Mann" der von Hegel, weil er immer so trocken daherredete und so eckig ging. Nur der erst 16-jährige Schelling, der ein Jahr zuvor mit einer Ausnahmegenehmigung ins Stift aufgenommen worden war, hatte noch keinen Spitznamen. Alle drei studierten zwar evangelische Theologie, erkannten aber schnell, dass sie eigentlich gar keine Pfarrer werden wollten. Dafür begeisterten sie sich für die neuen Ideen aus Frankreich. Beides verband.

Hölderlin nickte. „Ja, ich konnte etwas Geld erbetteln! Und ihr?"

Die anderen waren ebenfalls von ihren Familien für das Sommersemester finanziell ausgestattet worden.

„Gut!", sagte Hölderlin. „Aber du, Alter Mann, solltest dich zurückhalten. Trag es nicht gleich wieder zur nächsten Weinstube! Wenn dich die Stiftsknechte noch mal erwischen, wanderst du wieder in den Karzer. Aber länger als bisher."

„Du brauchst dir keine Sorgen zu machen. Wenn meine

Stuttgarter Verwandtschaft wüsste, was ich mit dem Geld machen will, hätte sie sich nicht so spendabel gezeigt. Ich will es nicht in Wein anlegen, sondern in Revolutionsschriften! Bin gespannt, was Bernard, Jeanmarie und Le Comte aus Mömpelgard wieder mitbringen! Das Revolutionärste will ich ihnen abkaufen."

„Bist du verrückt?", rief Schelling. „Lesen ja – wir sind alle neugierig –, aber wenn sie die Schriften bei dir finden, dann bist du geliefert. Rausschmiss aus dem Stift und ab auf den Hohenasperg! Alter Mann, das kannst du nicht machen!"

„Keine Sorge! Ich habe schon eine Idee. Im Stiftsgarten, bei den Steinen, wo die Stocherkähne angebunden sind, habe ich ein Loch entdeckt. Das baue ich aus. Bei mir wird niemand etwas finden!"

Seit dem 15. Jahrhundert hatte Württemberg Besitz in Frankreich. Dazu gehörte auch Mömpelgard an der Burgundischen Pforte. Weil sie württembergisch waren, wurden die Menschen dort evangelisch und lernten nach dem Katechismus des württembergischen Reformators Johannes Brenz das Lesen und Schreiben. Um genug evangelische Pfarrer zu haben, wurden den Mömpelgardern sechs Freiplätze im Stift zugewiesen. Die hatten nicht nur die aufklärerischen Schriften von Rousseau ins verknöcherte Württemberg gebracht, das man in Deutschland nicht zu Unrecht das „lutherische Spanien" nannte, sondern nun auch die aufrührerischen Schriften der Französischen Revolution. In Tübingen gärte es und in Stuttgart an höchster Stelle war man höchst besorgt, denn auch in dieser Stadt fielen die Ideen auf fruchtbaren Boden.

„Hm." Schelling war noch nicht überzeugt. „Aber sag

mal, in Stuttgart soll es ja an der Fasnet ordentlich gekracht haben. Ich hab gehört, ein als Gott der Zeit Verkleideter hat Zettel verteilt, auf die revolutionäre Ideen geschrieben waren. Weißt du Genaueres?“

Hegel grinste. „Nun – alles ist in Bewegung, stellt sich infrage und klärt sich, um wieder in Bewegung sich erneut infrage zu stellen!“

„Alter Mann, heb das für deine Philosophie auf! Raus damit, was war los?“

„Schon gut. Ja, da war was los. Einer hat sich tatsächlich als Chronos verkleidet, so mit falschem Bart, Sichel und Stundenglas, und ist mit einer Urne unter dem Arm bei einem Maskenball erschienen. Irgendwann hat er die Urne aufgemacht, den Inhalt unters feiernde Volk geworfen und sich dann schnell aus dem Staub gemacht. In der Urne waren Zettel mit Sprüchen wie: ‚Völker, streift die Fesseln des Despotismus ab und gehorcht ferner nur dem Gesetz.‘ Ihr könnte euch vorstellen, was die anwesenden Offiziere für Gesichter gemacht haben, als ihnen klar wurde, dass die Zettel zum Hochverrat aufriefen."

„Alter Mann“, fragte Hölderlin misstrauisch, „warst du etwa dabei?“

„Nein! Ich kenne es nur vom Hörensagen. Mein Bruder Georg Ludwig ist Schüler der Hohen Carlsschule, der hat es mir erzählt. Der war dabei! Aber pst! Das darf niemand wissen!“

„Wieso nicht? Und warum war er dabei?“

„In der Carlsschule wird genauso diskutiert wie bei uns am Stift. Außerdem vermutet er, dass sein Französischlehrer dieser Chronos war."

Der Weg nach Tübingen, vorsichtshalber weiträumig vorbei an der Solitude, über Böblingen und durch den Schönbuch nach Bebenhausen und dann an den Neckar, fiel den dreien leicht. Sie hatten sich viel zu erzählen.

Hegel war nach wie vor restlos begeistert von Schillers sprachgewaltiger „Ode an die Freude", geschrieben 1786. Der darin angesprochene „Männerstolz vor Königsthronen" wurde nicht nur für Hegel zur Parole des Widerstands gegen die Herrschaft des Herzogs einerseits und die verknöcherte, seelenlose Theologie ihrer Zeit andererseits. Hölderlin schrieb Hymnen über die Freiheit und deklamierte sie in Tübingen, wo er stand und ging. Schelling dachte laut darüber nach, wie eine neue Mythologie entstehen könnte, und entwickelte naturphilosophische Gedanken. Die „Tübinger Drei" waren wie neuer gärender Wein, jeder in Verwandlung begriffen. Einig waren sie sich jedoch darin, dass Schiller recht hatte: Alle Menschen waren frei geboren, lagen aber in Ketten wie Galeerensklaven. Nun kam es darauf an, die Ketten zu sprengen und frei zu werden. Dazu mussten sie als Studenten und Geistesarbeiter beitragen, das war sozusagen eine Verpflichtung.

Schnitzholz

Eichenholz ist ein gutes Schnitzholz, allerdings wegen seiner Härte nichts für Anfänger. Zum Schnitzen von Faschingsmasken wird es nicht verwendet, dafür ist es aufgrund seiner Dichte zu schwer und zu hart. Doch es gibt Holzschnitzer, die auf Eichenholz schwören, weil es sich gerade durch seine Härte sauber verarbeiten lässt und Schnittkanten durch die dichten Jahresringe und die enge Maserung weniger in den Vordergrund rücken. Man braucht für das Bearbeiten von Eichenholz allerdings Geduld, Erfahrung und gutes Werkzeug.

„Der Dicke Friedrich! – Psst!“

Heinz Gerlach und Friedrich Moser atmeten schwer, als sie den Berg zur Richtstattallee hinaufmarschierten und beschlossen, an der Eiche, die in der Zwischenzeit eine Art Landmarke geworden war, zu rasten. In ihren Brotbeuteln hatten sie noch ihr ganzes, wenn auch mageres Vesper dabei, im Steinkrug ihren Most. Den ganzen Tag über hatten sie keine Zeit für eine Rast gehabt. Genauer gesagt: Sie hatten keine Zeit dafür bekommen.

Oktober 1813. Dem König Friedrich I. von Württemberg war fast die Schlossdecke auf den Kopf gefallen. Ein bisschen Jagd sollte Abwechslung in den Alltag bringen. Nur allzu lange durfte sie nicht dauern, denn er konnte es sich nicht leisten, zu lange vom Hof in Stuttgart weg zu sein. Ganz Europa war zu einem Schlachtfeld geworden und er, eigentlich König von Napoleons Gnaden, war sich seines Königreiches nicht so sicher. Täglich trafen neue Nachrichten im Staatsministerium ein, die bewertet und beantwortet werden mussten. Da war so ein kleiner Jagdausflug in den Fasanenwald zwischen Korntal, Weilimdorf und Feuerbach genau richtig.

Natürlich konnte so eine Jagd nur mit Gefolge stattfinden. Mit Treibern, also Leuten, die „Hepp, Hepp!“ brüllten und mit Holzstöcken gegen die Bäume schlugen, so das Wild aufschreckten und vor die Flinte des Königs trieben. Dazu waren Reservisten wie Gerlach und Moser nötig und auch leicht zu bekommen, denn im neuen Königreich gab es immer noch derartige Frondienste. Allerdings hatte sich ihre

Zahl deutlich verringert durch Napoleons Feldzug nach Russland 1812. Unter der rund 300 000 Mann starken Großen Armee waren etwa 15 800 Württemberger, von denen nur 387 zurückkehrten. Darunter die beiden Feuerbacher Gerlach und Moser.

„Puh!“, sagte Gerlach und ließ sich ächzend unter der Eiche nieder. „Zum Wohl! Mann, haben die uns gehetzt. Dabei haben wir kaum Fasanen hochgeschreckt. Kein Wunder, dass der Dicke Friedrich sauer war!“

„Pst! Nicht so laut. Willst du auf den Hohenasperg? Obwohl: 200 Kilogramm, das muss man erst mal anfressen.“

„Na, wahrscheinlich war der nur schlecht gelaunt, weil sein Gaul unter ihm schlapp machte. Die finden doch kein Pferd mehr, das ihn aushält, seit die Helene gestorben ist. In den Sattel kommt er sowieso nur noch mit einer Leiter.“

„Ja, und wir sind nur noch Haut und Knochen! Immer noch! Ich hab das Gefühl, seit der Schlacht von Borodino hab' ich nichts Ordentliches mehr zwischen die Zähne gekriegt.“

„Immerhin haben wir den Krieg in Russland überlebt. Aber wie viele hat es erwischt. Und das alles nur, damit der Dicke Friedrich sein Königreich behalten kann!“

Friedrich Wilhelm Karl von Württemberg, geboren 1754, gestorben 1816, war von 1806 bis 1816 als Friedrich I. der erste König von Württemberg. Über ihn gehen die Urteile weit auseinander. Bei den Landständen, der politischen Vertretung der evangelischen Geistlichkeit und der Bürger, war er verhasst. Zum einen, weil er als absolutistischer Herrscher auftrat. Das schmeckte den Vertretern der Landstände logischerweise gar nicht. Zum anderen, weil er eine Verwaltungsreform in Württemberg durchführte, die extrem modern und effizient war, aber eben mit der Vetterleswirtschaft der bisherigen Führungsschicht aufräumte. Statt dem Klüngel von rund 25 Familien in Württemberg herrschte nun Friedrich I.

Das Volk hasste ihn, weil er für Napoleon in den Krieg gezogen war und für den Russlandfeldzug Soldaten hatte zwangsrekrutieren lassen, von denen nur ganz wenige zurückkamen. Evangelische und Katholische versuchte er gleich zu behandeln, was ihm die Evangelischen übelnahmen und die Katholischen nicht dankten. Letztere taten das vielleicht auch deshalb nicht, weil Friedrich I., so wurde kolportiert, aus den prachtvollen Umhängen der Äbte den Bezug für den württembergischen Thron hatte schneidern lassen und nun mit seinem ausladenden evangelischen Hintern auf katholischen Priestergewändern saß.

Außerdem war er ein Kriegsgewinnler von Napoleons Gnaden. Er hatte dem französischen Kaiser militärisch nichts entgegenzusetzen, also arrangierte er sich mit ihm. Das schöne Ergebnis: Das fränkische Hohenlohe kam zu Württemberg. Dazu alle freien Reichsstädte, das katholische Oberschwaben und Vorderösterreich mit Rottenburg. Die kleinen Reichsritter fegte er weg, die katholischen Klöster und ihre Besitzungen wurden verstaatlicht. So entstand 1806 das Königreich Württemberg.

Genau genommen hatte Friedrich I. sein Königreich zwei Voraussetzungen zu verdanken. Zum einen besaß Württemberg immer noch den Rechtsanspruch auf Mömpelgard/Montbéliard in der Franche-Comté und auf Reichenweiher/Riquewihr. Sein juristischer Verzicht darauf kaufte ihm Napoleon gegen den Königstitel ab. Zum anderen waren die

Württemberger eng mit der Zarenfamilie in Russland verbandelt. Das aber war für große Politik in Europa ein Faustpfand.

Napoleon besuchte ihn 1805 in Ludwigsburg, wo bis heute ein Schreibtisch des Königs aufbewahrt wird. Halbkreisförmig war er ausgeschnitten, damit der Bauch des Königs hineinpasste und der König überhaupt an seinem Schreibtisch arbeiten konnte. „Mon Dieu!“, soll Napoleon gesagt haben, „ich wusste gar nicht, dass die menschliche Haut sich so weit ausdehnen kann!“ Der 2,11 Meter große Kurfürst soll auf den kleinen Korsen heruntergeschaut und gesagt haben: „Und ich bin erstaunt, dass in einem so kleinen Kopf so viel Gift stecken kann!“

Gerlach und Moser hatten sich von der anstrengenden Treibjagd erholt. Das Vesper war verzehrt, der Mostkrug leer. Aber unter der Eiche war es ruhig und einsam, deshalb saßen sie noch ein wenig und sprachen über die Zukunft.

„Es ist schon recht, dass die Leute überlegen, sich gegen Napoleon zu wehren. Uns bleibt ja kaum das Nötigste zum Überleben. Ständig müssen wir Obst, Kartoffeln und Wein abliefern. Wieso muss Württemberg überhaupt Tribut bezahlen, wenn der Dicke Friedrich mit Napoleon verbündet ist?“

„Es hilft alles nichts! Wir müssen Napoleon loswerden! Ich mach' dann auf jeden Fall mit!“

„Ich auch! Ich bin meinem Herrn dankbar, dass ich in Russland nicht verreckt bin, aber das reicht mir nicht mehr. Napoleon soll dafür büßen!“

1815, so heißt es, gab es eine Unterredung zwischen dem österreichischen Außenminister Graf Metternich und Napoleon. Ob er denn nicht ein schlechtes Gewissen hätte, im Russlandfeldzug über 300 000 Mann seiner Armee verloren zu haben, wollte Metternich wissen.

„Wieso?“, soll die Antwort Napoleons gewesen sein. „Das waren doch vor allem Deutsche!“

Nachtrag: Zu Friedrichs Stute Helene gibt es ebenfalls zahlreiche Geschichten. Um sie hat König Friedrich I. wirklich getrauert, schon aus ganz praktischen Gründen. Der mächtige Schimmel war das einzige Pferd, das ihn tragen konnte und angeblich sogar mit den Vorderbeinen niederkniete, damit der König überhaupt in den Sattel kam.

Als die Stute alt wurde, ließ der König verlauten, dass er denjenigen, der ihm den Tod von Helene verkündigen würde, auf den Hohenasperg einsperren lassen würde. Am 20. Mai 1812 war es so weit. Helene war tot. Wer sollte es dem König nun sagen? Auf den Hohenasperg hatte keiner Lust. Also musste ein Diener die Aufgabe übernehmen. Der war recht gewitzt. Er ließ sich beim König melden, es ginge um Helene, also wurde er vorgelassen.

„Majestät! Ich melde, dass die Stute Helene nicht mehr säuft."

„Dann bringt ihr besseres Wasser!"

„Das wird nichts nützen, Majestät! Sie frisst auch nichts mehr."

„Dann bringt ihr das beste Futter!"

„Jawohl, Majestät! Hilft aber auch nicht, sie atmet nicht mehr."

„Dann ist sie tot!"

„Jawohl, Majestät! Aber das haben Eure Majestät gesagt, nicht ich!"

Er kam nicht auf den Hohenasperg.

Helene bekam im Wald von Freudental eine richtige Beerdigung. Alle Bediensteten des Schlosses Freudental mussten daran teilnehmen. Der König ließ einen Grabstein mit den Lebensdaten der Stute und der Angabe ihres Besitzers erstellen. Irgendwann – niemand weiß das Jahr – bekam der Stein eine zusätzliche „Widmung" eingemeißelt:

„Oh, Schimmel,
kommst nicht in Himmel!
Wird ein Frag' sein
Kommt dein Herr drein?"

Dieser Spottvers dürfte erst nach Friedrichs Tod entstanden sein, zu seinen Lebzeiten hätte sich niemand getraut, so etwas auch nur laut zu sagen.

Eichen als Landmarke und Baumdenkmal

Eichen wachsen zwar sehr langsam, aber sie können sich die Zeit auch nehmen, denn sie können mehrere Hundert Jahre alt werden. In zahlreichen Orten oder deren Nähe gibt es landschaftsprägende ehrwürdige Baumriesen, die man aufgrund ihrer markanten Erscheinung auch als Landmarken bezeichnen kann. Viele von ihnen sind sogar Naturdenkmäler, dürfen also nicht verändert werden. Wer in Baden-Württemberg wissen möchte, wo in seiner Nähe ein solches Naturdenkmal zu finden ist: Die Landesanstalt für Umwelt Baden-Württemberg hält eine Liste bereit, zu finden über die Internetseite des Umweltministeriums.

„Die Liebe höret nimmer auf“

Am 10. Januar 1819 stapfte Anna Scheible durch den Schnee hinauf zur Richtstattallee. Sie war am Vortag zu Verwandten nach Weilimdorf gewandert, um ihnen ein gutes neues Jahr zu wünschen, hatte dort übernachtet und nutzte nun den Heimweg zu einem Abstecher hinauf zu den Weinbergen an der Hohen Warte, um nach den Weinstöcken zu sehen. Hoffentlich waren sie nicht erfroren. Sie war noch nicht an der Eiche bei der Weggabelung angekommen, da hörte sie schon ein Schluchzen.

Ihre Freundin Sophie lehnte an der Eiche und war in Tränen aufgelöst.

„Sophie, was ist los? Was ist passiert?“

Sophie konnte nicht reden, erst in der Umarmung beruhigte sie sich etwas.

„Königin Katharina ist tot!“, brachte sie heraus.

„Unsere Königin?“ Anna Scheible konnte es nicht glauben.

Als Sophie nur nicken konnte, kamen auch ihr die Tränen.

Die einfachen Menschen in Württemberg waren an diesem 10. Januar 1819 mehr als geschockt, als es wie ein Lauffeuer durchs Land ging, dass Königin Katharina von Württemberg am Tag vorher in Stuttgart gestorben war. Wie jeden Morgen war Sophie früh aufgestanden und mit einem Milchkrug über die Feuerbacher Heide in den Talkessel von Stuttgart gegangen, um „ihre" Familien mit frischer Milch zu versorgen. Butter und ein paar Eier trug sie in einem Hängekorb. Immer mehr Feuerbacher Frauen waren dazu übergegangen, das schmale Haushaltsgeld der armen Weingärtnerfamilien mit verschiedenen Aktivitäten aufzubessern. Während die Männer im Sommer Arbeit als Tagelöhner in den Steinbrüchen auf dem Killesberg fanden – das heutige Tal der Rosen war der größte Feuerbacher Steinbruch –, verdienten die Frauen etwas hinzu, indem sie neben den Hühnern eine oder zwei Kühe hielten und einen festen Kundenkreis im Talkessel von Stuttgart mit ihren Produkten belieferten. Das Stuttgarter Bildungsbürgertum hatte so seine täglich frische Versorgung. Zu diesen Milchfrauen gehörte auch Anna Scheible. Aber da sie in Weilimdorf übernachtet hatte, hatte sie die Nachricht noch nicht mitbekommen.

Königin Katharina, König Wilhelms I. zweite Ehefrau, war die beliebteste Königin Württembergs gewesen. Auch heute noch findet sich immer wieder eine frische Rose auf ihrem Grab in der Grabkapelle auf dem Rotenberg.

Auf dem Wiener Kongress 1815 hatte es zwischen Wilhelm und Katharina gefunkt. Die Regenten Europas waren nach der Niederlage Napoleons bei Waterloo in der österreichischen Hauptstadt zusammengekommen, um Europa neu zu verteilen. Als Vertreter von König Friedrich I. von Württemberg war sein Sohn, Kronprinz Friedrich Wilhelm, nach Wien gereist. Der Ruf eines „homme aux femmes" war ihm bereits vorausgeeilt. Er war und blieb ein „Frauenheld" bis zu seinem Lebensende. Auch in Wien wurde er seinem Ruf gerecht. Zumal auf dem Kongress ein neuer Tanz die Sinne vernebelte: der Wiener Walzer. Waren bis dahin Tänze mehr oder weniger gymnastische Gruppenübungen mit Windungen um die jeweiligen Partner herum, wurde es jetzt nachgerade skandalös, wie strenge Sittenwächter fanden. Noch nie zuvor hatte es beim Tanzen Tuchfühlung gegeben. Einen Walzer linksherum zu tanzen, geht jedoch schlicht und ergreifend nicht ohne Körperkontakt. Kronprinz Friedrich Wilhelm hatte seinen Lieblingstanz gefunden.

Ebenso erging es Catharina von Oldenburg, geborene Katharina Pawlowna, Schwester des Zaren und bereits seit drei Jahren Witwe. Beide fanden sich und tanzten Wiener Walzer die Nächte durch. Sie waren „das" Tanzpaar. Und Objekt für Tratsch und Klatsch. Der Funke hatte gezündet. Jedenfalls bei ihr, bei ihm war man sich nicht so sicher.

Eigentlich war Katharina von Oldenburg eine halbe Schwäbin, denn ihre Mutter war die Schwester von König Friedrich I. von Württemberg, Sophie Dorothee von Württemberg. Als die zu ihrer Jugendzeit „schönste Frau Europas" wurde Sophie Dorothee von der Zarin Katharina der Großen, ursprünglich ebenfalls eine deutsche Prinzessin, nämlich von Anhalt-Zerbst, als Frau für ihren Sohn, den späteren Zar Paul I., ausgesucht. Sie dürfte nicht begeistert gewesen sein, denn Zeitgenossen beschrieben ihn als ungebildet, ungepflegt und äußerst hässlich, doch die Schönheit aus Schwaben wurde nicht gefragt.

Auf ihr Töchterchen Katharina hatte es schon Napoleon abgesehen, zum Entsetzen der Mutter und Katharina selbst, die verkündet haben soll, sie wolle lieber einen Ofenheizer aus dem Schlosskeller heiraten als den Korsen aus Frankreich. Sie selbst hatte ein Auge auf den Erzherzog von Österreich geworfen. Darüber war nun außer Napoleon der Wiener Hof entsetzt. Russland in Wien? Auf keinen Fall! Oder vielleicht doch? Denn die Zarentochter war nicht nur sehr hübsch, sondern auch sehr reich. Ein „Goldvögelchen“. Weil der Wiener Hof immer knapp an Geld war, begann man zu überlegen. Voraussetzung war allerdings, dass die russisch-orthodoxe Prinzessin römisch-katholisch wurde. Das wiederum ging in St. Peterburg auf keinen Fall. Eine Zarentochter musste russisch-orthodox bleiben, was nur möglich war, wenn sie in ein protestantisches Haus einheiratete. Ein Königreich sollte es aber schon sein.

Schon einmal war deshalb der württembergische Kronprinz im Gespräch gewesen. Aber seine Frauengeschichten waren auch in St. Petersburg bekannt geworden. Katharina befand, ein solcher Prinz sei ihr nicht „rein“ genug, und strich ihn von der Liste.

Nun drängte Napoleon. Eine schnelle Entscheidung musste her. Es wurde Georg von Oldenburg. Auch er war Nachkomme einer württembergischen Prinzessin. Katharina war hochbegabt, umtriebig und energiegeladen, Georg ruhig und ausgeglichen. Entgegen allen Voraussagen am Hofe wurde es eine gute Ehe, der zwei Söhne entstammten: Peter und Paul. Katharina und Georg ergänzten sich hervorragend. Als Gouverneur der russischen Provinz Twer verwandelte Georg mit tatkräftiger Unterstützung von Katharina die rückständige Region in die modernste Provinz Russlands. Die beiden bauten Schulen, Straßen und Krankenhäuser und verbesserten die landwirtschaftlichen Strukturen. Auf ihrem Privatbesitz schafften sie die Leibeigenschaft ab. Als er Ende 1812 ein Typhusspital besuchte, steckte er sich an und starb kurze Zeit später. Katharina war am Boden zerstört.

Doch das Leben ging weiter. So begleitete sie 1815 ihren Bruder Zar Alexander I. auf den Wiener Kongress, mit den bereits geschilderten Folgen. Auch politisch war diese Heirat willkommen. Das württembergische Königreich von Napoleons Gnaden näherte sich damit der gegnerischen Seite, bestehend aus Russland, Österreich und Preußen, an. Kronprinz Friedrich Wilhelm und Katharina heirateten, 1816 zogen sie nach Stuttgart.

Aus der Kronprinzessin wurde schnell die Königin. Ihr Schwiegervater, König Friedrich I., starb am 30. Oktober 1816. König Wilhelm I., inzwischen 34 Jahre alt, wollte sein Land sofort reformieren. Er kümmerte sich intensiv um das wirtschaftlich unterentwickelte Land mit seinen armen Bauern und Weingärtnern. Nennenswerte Industrie gab es nicht, Bodenschätze fehlten ebenfalls.

Ihr Regierungsantritt war von einem folgenreichen Ereignis im wahrsten Sinne des Wortes überschattet: Im April 1815 war in Indonesien der Vulkan Tambora explodiert. Seitdem die Geschichte des Menschen aufgezeichnet wurde, war dies die größte weltweit registrierte Vulkanexplosion. Die Asche stieg bis in die Stratosphäre und umrundete im Jahr 1816 mithilfe der Höhenwinde die Erde. Auch Süddeutschland war davon betroffen. In den Alpen blieb der Schnee das ganze Jahr über liegen, in Württemberg regnete es nur noch. Die Ernten wurden vernichtet. 1816 war das „Jahr ohne Sommer". 1817 folgte die Hungerkatastrophe in dem agrarisch geprägten Land. Die Menschen mischten Sägemehl in den Brotteig, um die Backformen wenigstens ansatzweise füllen zu können. Es gab immer weniger zu essen, man sammelte Brennnesseln, Moose und Rinden, Eicheln und Bucheckern. Etliche verhungerten. Das rief das Königspaar auf den Plan. Katharina griff in ihre Privatschatulle und bezahlte Weizenlieferungen aus Russland für ihre Untertanen, sonst hätte es noch weit mehr Hungertote gegeben.

Sie unterstützte ihren Gatten aber nicht nur, sondern half ihm oft genug auch auf die Sprünge. Denn aufgrund ihrer Erfahrung aus Twer konnte sie Fehler vermeiden und Sinnvolles fördern. Revolutionär allerdings war die Gründung des „Wohltätigkeitsvereins" mit ihr an der Spitze und der Aufforderung, solche Vereine auch vor Ort in den Oberämter genannten Verwaltungseinheiten des Landes zu gründen. Es ging vor allem um die Bekämpfung der Armut und der Kindersterblichkeit. Das Revolutionäre dabei war: Frauen konnten Mitglied in diesen Vereinen werden, sehr zum Entsetzen der Männer. Hatten Frauen doch in der Öffentlichkeit bislang in der Regel nichts zu suchen oder gar zu melden.

Anna und Sophie hatten sich wieder ein wenig beruhigt und schwelgten in Erinnerungen an die beliebte Herrscherin. Anna konnte schon wieder lachen, als sie an den Wohltätigkeitsverein dachte.

„Mein Friedrich wollte mir sogar verbieten, in den Verein einzutreten und aktiv zu werden. Da hätte ich nichts verloren, ich sollte mich um die Kinder, den Stall und die Küche kümmern. Dem habe ich es aber gezeigt!"

„Wie hast du das gemacht?", fragte Sophie neugierig.

„Ganz einfach. Ich habe ihm gesagt, wenn die Königin mich ruft, dann hätte er als Ehemann das nicht zu verbieten! Danach hat er zwar gemeckert, wenn ich aus dem Haus ging, aber gegen seine Königin wollte er dann doch nichts sagen."

Der Wohltätigkeitsverein war einzigartig in Deutschland. Er richtete öffentliche Suppenküchen ein, verteilte den Weizen aus Russland und brachte Kochrezepte heraus. Gleichzeitig bewegte er auch etwas in den Köpfen. Die Schwäbinnen wurden mit Rückendeckung ihrer Königin öffentlich aktiv.

Doch der Verein war nicht die einzige von Katharina eingeführte Veränderung. „Hilfe zur Selbsthilfe" war das Motto der Königin. So legte sie den Grundstein für die erste öffentliche Sparkasse, die späteren Kreissparkassen. Dorthin sollten die Menschen ihren Spargroschen tragen und konnten Kredite aufnehmen. Heute würde man „Minikredite" und Förderung von Start-ups dazu sagen.

Katharina förderte auch die Mädchenbildung und gründete ein „Pensionat für die Bildung und Erziehung von Mädchen höherer Stände", nach ihrem Tod in Königin-Katharina-Stift umbenannt, auch Katharinen- oder Katzenstift genannt, eines der traditionsreichsten Gymnasien der Stadt, das heute allen Geschlechtern offensteht. Als öffentliches Krankenhaus gründete sie das Katharinenhospital. Mit großem Tempo legte sie den Grundstein für Kinderheime und Suppenküchen und unterstützte zwei Anstalten zu Versorgung von Waisenkindern, später „Katharinenpflege" und nach Katharinas älterer Tochter „Marienpflege" genannt. So verpasste sie dem Land eine Sozialstruktur, die über Jahrzehnte hinweg Württemberg eine Sonderstellung in Deutschland gab. Zusammen mit dem König gründete sie die Landwirtschaftliche Hochschule in Hohenheim, heute die Universität Hohenheim. Die unterentwickelte Landwirtschaft sollte mustergültig reformiert werden. Zur ersten Ernte nach der großen Hungersnot wurde 1818 auf dem Cannstatter Wasen eine landwirtschaftliche Musterschau eingerichtet. Das dazu gehörige Fest wurde zum heute noch existierenden Cannstatter Volksfest, der Nummer zwei weltweit nach dem Münchner Oktoberfest.

Der Landeshistoriker Hansmartin Decker-Hauff bezeichnete sie wegen ihrer zahlreichen Aktionen, die bei ihrem Tode alle erst gestartet waren, als „die Unvollendete!"

Und nun war sie tot.

Die beiden Freundinnen gingen gemeinsam nach Feuerbach zurück.

„Wie ist sie denn gestorben?", fragte Anna. „Hast du was gehört?"

„Die ganze Stadt ist voller Gerüchte! Seit November soll sie eine Gürtelrose gehabt haben, jetzt kam noch eine schwere Lungenentzündung dazu. Für die hatte sie keine Kraft mehr!"

„Hm! Komisch!"

„Na ja, meine Milchleute in Stuttgart haben hinter vorgehaltener Hand gemeint, sie sei ohne Mantel in offener Kutsche nach Scharnhausen gefahren, wo sie König Wilhelm in flagranti mit seiner Mätresse erwischt hätte. Voller Wut sei sie dann wieder nach Stuttgart gefahren, patschnass sei sie angekommen. So hat sie wohl die Lungenentzündung bekommen!"

Bis heute sind sich die Historiker*innen nicht völlig einig, was letztlich zum Tode führte. Die Fahrt nach Scharnhausen ist verbürgt, die Rückreise auch, Gürtelrose und Lungenentzündung ebenso. Die Ärzte stellten bei der Autopsie unter anderem eine bakterielle Infektion, eine Wundrose, im Gesicht fest, die letztlich zu einem Schlaganfall führte. Zudem gibt es seriöse Quellen, die besagen, dass die Königin zusammen mit Wilhelm nach Scharnhausen gefahren sei.

Der König ließ die Stammburg auf dem Rotenberg abreißen und an ihrer Stelle von seinem Leib- und Magen-Architekten Salucci eine Grabkapelle errichten. In die wurde Katharinas Sarg aus der Stiftskirche 1824 überführt. Wieder weinte das Volk. Katharina hatte es innerhalb von drei Jahren geschafft, zu einer Art protestantischen Nationalheiligen der Schwaben zu werden.

Dem schloss sich auch der König an. Über dem Eingang der Grabkapelle ist zu lesen: „Die Liebe höret nimmer auf!" Wilhelm I. ließ sich im Sarkophag von Katharina begraben. So ruhen sie bis heute nebeneinander. Doch die frischen Rosen liegen nur auf ihrer Seite.

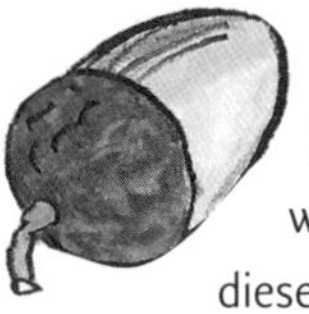

Eicheln als Nahrungsmittel

Zwar ist von Eicheln als Nahrungsmittel oft die Rede, wenn man schlechten Zeiten spricht, doch tatsächlich ist diese Nussfrucht lecker und gesund. Das einzige Problem ist der reichlich enthaltene Gerbstoff Tannin, der unbehandelte Eicheln bitter macht. Deshalb muss man die einige Tage getrockneten Eicheln schälen und die Kerne von der Haut befreien, anschließend die Kerne etwa zwei Tage lang wässern und dabei das Wasser mehrfach wechseln – Tannin ist nämlich wasserlöslich und wird auf diese Weise ausgeschwemmt. Nun werden die Kerne getrocknet und beispielsweise zu Mehl vermahlen für Brot, Kekse oder Pfannkuchen. Sie lassen sich aber auch fettlos zu Knabberspaß rösten oder als leckere Zutat in Eintöpfe mischen.

„Fertig! Feuerbach!“

Giuseppe Andreotti drückte sich einen nassen Lappen auf sein blaues Auge. Er wollte eigentlich am nächsten Tag an den Feierlichkeiten zur Abfahrt des ersten Zuges auf der württembergischen Zentralbahn am Feuerbacher Bahnhof teilnehmen, aber einer seiner schwäbischen Kollegen vom Gleisbau hatte etwas dagegen und verpasste ihm einen Faustschlag aufs Auge. Wieder einmal gab es eine Schlägerei zwischen italienischen und schwäbischen Eisenbahnarbeitern. Die Württemberger mochten die Italiener nicht, weil die billiger arbeiteten. Friedrich Wittmann aus Gerlingen, auch er Tagelöhner beim Bahnbau, setzte sich neben Andreotti und reichte ihm einen neuen nassen Lappen. Sie hatten im Tunnel zusammengearbeitet und Andreotti hatte von ihm etwas Deutsch, eigentlich mehr Schwäbisch, gelernt.

„Fertig! Feuerbach!“ verkündete stolz der Stationsvorsteher von Feuerbach, als der erste Zug von Stuttgart nach Ludwigsburg den Tunnel von Feuerbach unter dem Pragsattel passiert hatte und abfahrbereit in der Station Feuerbach vor sich hin dampfte. Mit dieser Fahrt war die Zentralbahnlinie der „Königlich Württembergischen Staats-Eisenbahnen“, der K.W.St.E. – vom Volk schnell in „**K**omm! **W**eib! **St**eig **E**i!“ umgedichtet –, eröffnet.

Tausende waren zum Feuerbacher Bahnhof gekommen und feierten den ersten Zug. Alle Zeitungen des Landes waren durch ihre Journalisten vertreten und berichteten von diesem Ereignis. Die Abfertigung des Zugs durch den Stationsvorsteher – „Fertig! Feuerbach!“ – wurde überall zitiert und so in Württemberg zum geflügelten Wort. Wo immer etwas fertig wurde, in Handwerk, Bau und Industrie, erschallte des Öfteren der Ruf: „Fertig! Feuerbach!“

In Cannstatt und Untertürkheim fuhr schon eine Eisenbahn, als am 26. Juni 1844 der erste Spatenstich am Pragtunnel gesetzt wurde. Am 11. Juli 1844 erfolgte der nächste am Rosensteintunnel. Der erste Tunnel Deutschlands war von 1837 bis 1839 in Sachsen von Freiberger Bergleuten erbaut worden, Pragtunnel und Rosensteintunnel waren die nächsten Tunnels. Hier waren aber keine Bergleute mit Fachkenntnissen im Einsatz, sondern Taglöhner und Bauernknechte, die bei Missernten keine Arbeit mehr auf den Feldern fanden. Entsprechend schlecht waren die Arbeitsbedingungen und die Bezahlung. Insgesamt um die 10 000 Männer waren in den 1840er-Jahren beim Eisenbahnbau im Einsatz. Sie waren in der Regel in Baracken entlang der Strecke untergebracht, schliefen auf Stroh voller Ungeziefer. Die Barackenbesitzer verlangten Schlafgeld im Voraus. Irgendwo stand eine „Menagerie“ – ein Wohnwagen mit einem Koch oder einer Köchin. Zu hohen Preisen gab es Eintopf und Dünnbier. Die Arbeiter wurden eingestellt vom Schachtmeister, dem dafür ein Handgeld bezahlt werden musste und der die von der Eisenbahngesellschaft berechneten Löhne an die Arbeiter verteilte, nach Abzug seiner Aufwendungen. Er verkaufte ihnen auch das Werkzeug: Hacke, Schaufel, Schubkarre. War eine Strecke fertiggestellt, wurde man entlassen. Entweder wanderte man zu einer neuen Strecke und wurde dort angestellt oder man hatte eben keine Arbeit mehr.

Die Arbeit im Eisenbahnbau war schwer und riskant. Am gefährlichsten war es in den Tunneln und beim Brückenbau. Ein falscher Schlag, ein falscher Tritt, und das Unglück war

geschehen. Unfälle waren häufig, es gab viele Tote. Aber wer die Wahl hat zwischen einer solchen Arbeit und äußerster Not, hat keine Wahl.

Trotzdem gab es zu wenig Arbeiter aus der Region. Also heuerte man Männer aus Italien an. Denen erschien der Lohn in Württemberg sehr hoch, allerdings war in ihrem Heimatland die Kaufkraft eine andere. In Deutschland mussten sie dann feststellen, dass sie billiger waren als die schwäbischen Taglöhner. Die Gruppen arbeiteten, lebten, schliefen und aßen streng getrennt. Trotzdem kam es häufig zu Schlägereien, die Ressentiments waren groß.

Dass Andreotti und Wittmann ein freundschaftliches Verhältnis hatten – sehr zum Spott ihrer jeweiligen Kameraden –, hatte mit einer gemeinsamen Erfahrung zu tun: Im Pragtunnel war loses Gestein heruntergebrochen. Andreotti hatte den Bergsturz kommen hören, Wittmann zur Seite gerissen und ihm so das Leben gerettet. So etwas verbindet.

Wittmann reichte Andreotti noch einen nassen Lappen. „Lass gut sein mit dem Fest. Ich geh auch nicht hin. Wie wäre es, wenn du morgen stattdessen zu uns kommen würdest? Ich hab meiner Familie schon viel von dir erzählt. Sie wollen dich kennenlernen, schließlich hast du mir das Leben gerettet. Wir sind arme Leute, aber feiern können wir auch."

Giuseppe Andreotti verstand nicht alles, was Friedrich Wittmann sagte, aber er hörte die Ernsthaftigkeit in dessen Stimme und freute sich über die Einladung. Am nächsten Tag wanderten sie durch den Wald nach Gerlingen. So marschierte der erste „Gastarbeiter" an der Eiche vorbei.

Württemberg wollte lange nichts von der Eisenbahn wissen. Es war ein rückständiges Agrarland. Ein Eisenbahnvisionär wie der Reutlinger Friedrich List, der ein deutschlandweites Streckennetz plante und zur Durchführung der Fahrten die zwischen jedem Staat bestehenden Zollschranken fallen lassen wollte, galt als verdächtiger Revolutionär. Die ersten Berichte über Eisenbahnen aus England und Franken wurden nicht ernst genommen. Erst als ruchbar wurde, dass die Badener eine Eisenbahn den Rhein entlang und die Bayern eine Strecke zum Bodensee bauen wollten, waren die ersten Kaufleute alarmiert. Denn rund um den Bodensee und durch die Schweiz führten die alten Handelsrouten über die Alpen nach Italien. Wenn die badische und bayerische Konkurrenz schnellere und günstigere Verbindungen anbieten würde, wäre Württemberg endgültig abgeschrieben. Jetzt erst wurde man wach.

So wurden mit dem Eisenbahngesetz vom 18. April 1843 die Königlich Württembergischen Staats-Eisenbahnen gegründet. Der Gründung gingen umfangreiche Debatten voraus. Das Medizinalkollegium in Stuttgart warnte eindringlich vor der Mitfahrt in Zügen: Das schnelle Fahren mit dem Zug würde zu „Gehirnerweichung“ führen. Schon das Betrachten eines vorbeifahrenden Zuges hätte dies zur Folge, weshalb man die Eisenbahngleise auf beiden Seiten mit einem hohen Bretterzaun als Sichtschutz versehen müsse.

Die Eisenbahn wurde trotzdem gebaut. Der Clou der Württemberger: Sie nahmen sich die amerikanischen Eisenbahnen zum Vorbild, nicht die englischen. Das war möglicherweise den Berichten der vielen württembergischen Auswanderer geschuldet. So hatten die württembergischen Lokomotiven in der Anfangszeit vorne ein Drehgestell, was einen ruhigeren Lauf ermöglichte. Der Zug schaukelte nicht so sehr. Die ersten Loks kamen aus Philadelphia. Während alle europäischen Eisenbahnen für ihre Personenwagen eigentlich mehrere Kutschen hintereinander auf einen Rahmen setzten – so entstanden die Zugabteilwagen, an denen man nur außen entlanggehen konnte –, hatten die Württemberger Durchgangswagen nach amerikanischem Vorbild auf laufruhigen Drehgestellen. Einen württembergischen Zug konnte man während der Fahrt von vorne bis hinten durchwandern, bei anderen europäischen Zügen ging das nicht. Da konnten sich die Schaffner lediglich auf Trittbrettern außen vorbeihangeln. Nicht nur im Winter war das lebensgefährlich.

Die Eisenbahn war eine Revolution für Württemberg, auch wenn vielen noch gar nicht bewusst war, welche immensen Folgen sie haben würde. Sie brachte Waren und Menschen zusammen und beschleunigte die Industrialisierung im Land erheblich.

Trotzdem: Die Feuerbacher wollten über Jahre hinweg von ihrer Eisenbahn und ihrem Bahnhof nichts wissen. Der Bahnhof lag zwei Kilometer weit weg vom Dorf, in dem sich die Weingärtner mit Tagelöhnerarbeit in den Steinbrüchen auf dem Killesberg etwas Geld dazu verdienten. Die Frauen aus Feuerbach hielten Kühe und Hühner, versorgten die bürgerlichen Familien der Residenzstadt mit Milch, Butter und Eiern. Die Ware wurde täglich zu Fuß nach Stuttgart gebracht, eine Eisenbahnfahrkarte – Billet genannt – wäre viel zu teuer gewesen.

1863 entschied sich der weitsichtige Unternehmer Friedrich Jobst dafür, neben dem Pragtunnel an der Tunnelstraße seine neue Chininfabrik zu bauen. Chinin, aus der Rinde des Chinarindenbaums gewonnen, war das erste und lange Zeit einzige wirksame Mittel gegen die Malaria. Außerdem stellte Jobst Morphin und Santonin her. Als er seine Arbeit in Feuerbach aufnahm und rund 20 Arbeiter einstellen wollte, fand er niemanden aus dem Ort. Die Taglöhner waren mit der Eisenbahn weitergezogen, die Weingärtner arbeiteten weiterhin nebenbei in den Steinbrüchen, aber nicht in einer chemischen Fabrik. So warb er seine Mitarbeiter in Weilimdorf. Die gingen jeden Tag zu Fuß hin und zurück. Erst zwei Jahre später fing ein Feuerbacher bei ihm als Heizer an der Dampfmaschine an. Als der erzählte, dass es ihm gut ginge, bewarben sich so langsam auch andere Feuerbacher. Jobst war sozusagen der Gründer der Industrialisierung in Feuerbach und schon bald Weltmarktführer in der Chininproduktion. So sauberes und preiswertes Chinin gab es sonst nirgends.

Das Unternehmen wuchs rasch und brauchte einen Gleisanschluss, deshalb wurde schon bald ein erstes Industriegleis in seine Firma verlegt. Diesem Gleis sollten so viele folgen, dass Feuerbach bis weit ins 21. Jahrhundert hinein zu den Orten mit den längsten Industriegleisen in Deutschland gehörte.

Eisenbahnschwellen aus Eiche

Eisenbahnschienen müssen federn können und gleichzeitig im richtigen Abstand fixiert werden, damit die Spurweite eingehalten wird. Dazu wurden die Schienen viele Jahrzehnte lang auf Holzbalken aufgebracht, die oft aus Eiche waren. Die aus England übernommene Bauweise aus den Anfangsjahren, bei der die Eisenbahnschienen auf Steinblöcken befestigt wurden, hatte sich nicht bewährt. Aber Holz verrottet bekanntlich. Damit die Eichenbalken als Eisenbahnschwellen länger hielten, wurden sie in Teeröl getaucht, also imprägniert. Heute weiß man, dass dieses Öl krebserregend ist. Sein Einsatz ist mittlerweile verboten. Was an imprägnierten Eichenbalken noch verlegt ist und ausgetauscht wird, muss als Sondermüll mit entsprechendem Nachweis entsorgt werden.

Auf Gnad oder Ungnad!
Das Ende der Träume 1849

Christian Singer schnaufte schwer, als er Mitte August 1849 langsam und vorsichtig, von Deckung zu Deckung schleichend, den Waldweg vom Hasenbrünnele im Lindentäle hinauf zur Hohen Warte schlich. Völlig zerlumpt, verdreckt, stinkend, war er seit Tagen unterwegs gewesen, hatte sich sofort versteckt, wenn er Menschen sah. Nun wollte er über die Hohe Warte in sein Heimatdorf Feuerbach schleichen, sich im elterlichen Hof verstecken und wieder zu Kräften kommen.

Seit Tagen war er auf der Flucht. Schon im Jahr zuvor hatte er sich den badischen Revolutionären angeschlossen und in der Festung Rastatt seinen Schulkameraden aus Feuerbach getroffen: Ernst Elsenhans, den „schwäbischen Feuerkopf" der badischen Revolution. Als die preußischen Truppen unter dem Oberbefehl des preußischen Kronprinzen Wilhelm, des späteren Kaisers Wilhelm I., es schafften, die Festung einzuschließen, gingen die Vorräte schnell zur Neige und der Hunger regierte. Der hatte bei Christian Singer allerdings schon vorher regiert, konnte er doch wegen seines ständigen Durchfalls nicht mehr richtig essen und war deshalb spindeldürr. Das aber war sein Glück in letzter Sekunde, denn so konnte er sich in der Nacht des 20. Juli durch ein Abwasserrohr in der Festung zwängen und hinter die Linien der preußischen Belagerer schleichen. Bei Bauern bettelte, in Waldhütten schlief er, nur in der Abenddämmerung und frühmorgens war er unterwegs – zu Fuß von Rastatt nach Feuerbach. Nicht nur auf die preußischen Patrouillen und die badischen Gendarmen musste er achten. Es gab auch württembergische Soldaten, die den Preußen halfen, die badische Revolution niederzuschlagen. Denen wäre er in Baden mit seinem Schwäbisch sofort verdächtig vorgekommen.

Am Lindenbach hatte Singer die Feuerbacher Gans-Marie getroffen, die zwar einen großen Schrecken bekam, als ein völlig abgerissener Kerl sie ansprach, ihn aber nicht erkannte. Er bat sie, seinen Freund Abraham Friedrich Mögle zur Eiche zu schicken. Der wisse schon, welche Eiche gemeint sei. In Kindheitstagen war das „ihr" Baum gewesen, als sie das Vieh zur Mast in den Gemeindewald trieben und beaufsichtigten. Nun ruhte er sich in der Nähe der Eiche aus, sodass er die Richtstattallee einsehen konnte, die vom Triebweg her weiterführte. Man konnte ja nicht wissen, ob die Gans-Marie ihn nicht noch kurz vor dem Ziel verraten würde. Offenbar war das nicht der Fall, denn Mögle kam vorsichtig des Wegs daher und schaute sich immer wieder nach allen Seiten um. Singer kam aus der Deckung und fiel seinem Freund um den Hals.

Der rümpfte die Nase. „Du stinkst vielleicht! Und wie du aussiehst! Kein Wunder, dass die Marie sagt, sie hätte den Leibhaftigen gesehen. Was ist los? Brauchst du Hilfe?"

Und ob er Hilfe brauchte. Schnell erzählte Singer von seinen jüngsten Erlebnissen. „Aber das Schlimmste ist: Die Preußen haben vor ein paar Tagen den Ernst Elsenhans auf den Festungswällen hingerichtet! Das habe ich auf meiner Flucht mitgekriegt."

Mögle war entsetzt. „Das musst du seiner Mutter erzählen! Aber jetzt bringe ich dich erst mal unauffällig zu deiner Mutter!"

Ernst Elsenhans wurde am 26. September 1815 als zweiter Sohn des Bürgermeisters Johannes Elsenhans in Feuerbach geboren. Er war ein aufgeweckter Geist. Als er mitbekam, dass der schwäbische Dichter und Politiker Ludwig Uhland bei Verwandten im Feuerbacher Pfarrhaus verkehrte, nahm er Kontakt auf und ließ sich von ihm inspirieren. Uhland trat für das „gute alte Recht" ein, hielt flammende Reden für die Demokratie, schrieb Balladen, die Biedermeierherzen und Romantiker beflügelten, und gründete in Tübingen die Burschenschaft Germania mit, die der Obrigkeit wegen ihrer demokratischen Gedanken sofort ein Dorn im Auge war. So jemand gefiel Ernst Elsenhans

Elsenhans trat ins Evangelische Stift ein, in die Burschenschaft gleich mit, und studierte Theologie. Durch seine Reden fiel er der landeskirchlichen Obrigkeit allerdings rasch negativ auf. So warf er das Theologiestudium hin, versuchte es kurz mit Medizin, warf sie ebenfalls hin und ging in die Schweiz. Denn Württemberg war ihm zu eng, der Boden im Königreich zu heiß geworden. In der Schweiz arbeitete er als „Literat" für die Bündner Zeitung. Da das wenig einbrachte, wurde er Hauslehrer. Schließlich konnte er Französisch, Englisch, Latein, Griechisch und Hebräisch. Nur Untertan konnte er nicht, was dazu führte, dass er sich schnell mit seinen Auftraggebern anlegte.

So kehrte er wieder nach Deutschland zurück und ging nach Mannheim, wo es politisch gärte. Die badischen Revolutionäre Friedrich Hecker und Gustav Struve waren so recht nach seinem Geschmack. 1845 arbeitete Elsenhans als Journalist für die „Mannheimer Abendzeitung“, 1847 wurde er Chefredakteur der Heidelberger Zeitung „Die Republik“. Der „schwäbische Feuerkopf“, wie er dort genannt wurde, legte sich mit der Zensur an, als er in einem Artikel Soldaten dazu aufforderte, nicht auf Demonstranten und „Freiheitsliebende“ zu schießen. Er wurde verhaftet und am 5. Oktober 1848 zu einer achtmonatigen Haftstrafe verurteilt. Im Gefängnis musste er für sein Essen bezahlen, was er nicht konnte. Also machte er Schulden und wurde irgendwie schlecht und recht hungernd mitversorgt. Als im Mai 1849 die Revolution im dritten Anlauf ganz Baden erfasste, kam er frei. Der Revolutionär Gustav Struve übernahm ihn als 2. Sekretär im Kriegsministerium der Revolutionsregierung. Das klingt nach einem großen Titel, in Wirklichkeit waren die Revolutionstruppen aber nur noch in den Wäldern des Schwarzwalds unterwegs und immer auf der Flucht vor den Preußen. Nachdem die Bundesfestung Rastatt zu den Revolutionären übergelaufen und der badische Großherzog schon längst nach Straßburg geflohen war, zogen sich 6000 Revolutionäre in die Festung Rastatt zurück. Doch bevor der Belagerungsring komplett geschlossen wurde, floh nicht nur Christian Singer. Auch Gustav Struve, nach dem die dritte badische Revolution benannt wurde, entkam und machte sich schließlich in den USA im Bürgerkrieg einen Namen. Er und seine Freunde gingen dort als „Forty-Eighter“ (48er) in die Geschichtsbücher ein.

Ernst Elsenhans aber hielt in Rastatt bis zum bitteren Ende durch. Da die Festung eine kleine Druckerei hatte, gründete er die Zeitung „Der Festungsbote“. Bis zum Tag der Kapitulation, dem 23. Juli 1849, erschienen immerhin 14 Ausgaben, alle von ihm geschrieben und gedruckt. Darin waren Nachrichten und Durchhalteparolen zu lesen, schließlich vertraute Elsenhans fest darauf, dass Revolutionäre aus Freiburg sie befreien würden. Außerdem schrieb er Artikel über das Wesen der Demokratie, über seine Vorstellungen von einer sozialen Gesellschaft, über moderne Gerechtigkeit, über die Rolle von Frauen und Männern. So wurde er zu einem literarischen Vorreiter der Demokratie in Deutschland.

Als der preußische Thronfolger Friedrich Wilhelm im März 1848 aufbegehrende Arbeiter in Berlin mit Kartätschen (mit Bleikugeln gefüllte Kanonen) zusammenschießen ließ, habe ihm, so heißt es hierzulande, Elsenhans den Spitznamen verpasst, unter dem er noch heute bekannt ist: „Kartätschenprinz". Da Elsenhans einer der bekanntesten Revolutionäre war, ließ der so übel Beleumundete ihn ganz oben auf die Liste derer setzen, die unbedingt zu fassen und hinzurichten waren.

Der erwartete und erhoffte Entsatz aus Freiburg kam nicht. Die Festung musste sich auf „Gnad oder Ungnad" bedingungslos ergeben, Elsenhans wurde verhaftet. Am 6. August wurde ihm der Prozess gemacht, eine Verteidigung wurde nicht genehmigt, das Urteil war bereits vorher erlassen worden. Dass Elsenhans für sich die Pressefreiheit in Anspruch nahm, war für den Richterspruch nicht relevant. Am Morgen des 7. August wurde er auf den Festungswällen von Rastatt vor das Erschießungskommando geführt. Von acht Kugeln wurde er getroffen, aber nicht getötet. Komischerweise hatte keiner der Soldaten so richtig gezielt. Erst ein Bajonettstoß beendete das Leben des von den Preußen am meisten gehassten Revolutionärs. Die preußischen Zeitungen meldeten die Hinrichtung unter der Überschrift „Begnadigt zu Pulver und Blei!" Doch preußische Zeitungen las in Feuerbach niemand.

Abraham Friedrich Mögle besuchte Christian Singer. Der hielt sich im Haus seiner Mutter versteckt – die Situation im Land war noch nicht so, dass er sich unbefangen hätte zeigen können. Doch neben dem Bauernhaus mit Dachboden und Weinkeller gab es ja noch Stall, Scheuer und Remise, genug Platz also zum Untertauchen. Zur Tarnung hatte Mögle seinen Werkzeugkasten dabei. Handwerker sind ja immer unterwegs.

„Wie hat denn Frau Elsenhans die Todesnachricht aufgenommen?", wollte Mögle von Singer wissen.

„Gefasst! Eigentlich klar, denn sie ist ja seine Stiefmutter und hatte eh kein so gutes Verhältnis zu ihm. Aber sag mal, was hast du denn Revolutionäres getrieben, während unsereins im Badischen gekämpft hat?"

„Eigentlich nichts!", bekannte Mögle. „1846 und 1847 hatten wir die fürchterliche Missernten und mit unserem König sind wir auch nicht zufrieden. Aber hier geht man weniger auf die Barrikaden als nach Amerika. Du glaubst gar nicht, wer hier schon alles ausgewandert ist. Die Revolution haben wir euch in Baden überlassen!"

Wirklich ruhig war es in Württemberg aber auch nicht. Das Image des Königs war in den Hungerjahren 1846 und 1847 zwar gesunken, doch indem er die Auswanderungen erlaubte und zugleich den Demokraten einerseits und den Liberalen andererseits entgegenkam, nahm er Druck aus dem Kessel. Während der badische Großherzog fliehen musste, verlangte hier im Lande niemand die Abschaffung der Monarchie. Am 25. April 1849 nahm der König sogar die neue Reichsverfassung des in der Frankfurter Paulskirche tagenden ersten deutschen demokratischen Parlaments an. Mit Folgen: Pressefreiheit, Vereins- und Versammlungsfreiheit wurden wieder eingeführt, ja sogar das württembergische

Militär auf die Verfassung und nicht mehr auf den König vereidigt. Das alles führte dazu, dass am 30. Mai 1849 die unter schweren Druck geratende Nationalversammlung in der Frankfurter Paulskirche beschloss, nach Stuttgart zu fliehen. Etliche Abgeordnete hatten die Nationalversammlung auf Geheiß ihrer Länder verlassen müssen. So tagte ab dem 6. Juni in Stuttgart nur noch ein Rumpfparlament. Der König zog es vor, das Ganze von Ludwigsburg aus zu betrachten, wo ihm die Offiziere die Treue hielten, ihn aber zugleich drängten, pragmatisch mit der Situation umzugehen. Als aber die Nationalversammlung in Stuttgart dazu aufrief, keine Steuern mehr zu bezahlen und die Monarchie abzuschaffen, ließ er die Abgeordneten von seiner Kavallerie beim Gang zum Schloss auseinandertreiben. Am 18. Juni war der Traum von einem demokratischen Deutschland in Stuttgart ausgeträumt.

Eiche als Medizin

Der hohe Gerbstoffanteil der Eiche ist für den kranken Menschen Fluch und Segen zugleich. Beispielsweise kann ein Tee aus Eichenrinde bei akutem Durchfall Linderung bringen, schmeckt aber nicht wirklich gut. Dafür helfen Bäder mit Eichenrindenextrakt der Haut bei der Regeneration und wirken sich positiv auf Entzündungen aus; Hautreizungen aller Art gehen in der Regel deutlich zurück. Aber wie bei jeder Therapieform gilt: Zu Risiken und Nebenwirkungen …

„Wir sind frei! Der Büttel hat's verkündet!"

Am 24. Oktober 1852 zogen Christian Nagel und Gottlob Pfander pfeifend mit geschulterten Hacken den Waldweg hinauf und an der Eiche vorbei. Sie waren den ganzen Tag damit beschäftigt gewesen, das Wasserauffangbecken des Hasen-Brünnele im Auftrag der Gemeinde freizulegen und von Schutt, Abfall, Lehm und Ästen zu befreien. Der kleine Brunnen hatte jetzt wieder einen sauberen Trog.

„Gottlob", sagte Nagel fröhlich, „morgen Abend lade ich dich auf ein Glas Wein in den Hirsch ein!"

Der Grund für ihre gute Laune? Dieser Tag war der letzte, an dem sie ohne Lohn für die Gemeinde arbeiten, also Frondienst leisten mussten. Ab dem nächsten Tag würden sie freie Wengerter sein, eine Bezahlung für solche Dienste einfordern und über deren Höhe frei verhandeln können. Der 25. Oktober 1852 war in Feuerbach der Stichtag für die sogenannte Ablösung der Grundlasten und der Leibeigenschaft. Jetzt konnten die Feuerbacher Weingärtner ihre Pacht und ihre Pflichten ablösen, den Grund und Boden kaufen und waren, ebenfalls gegen eine Ablösesumme, diesmal an den Staat, von den noch verbliebenen Frondiensten befreit. Alles war innerhalb von 25 Jahren zu tilgen. Das waren Schulden, die drückten und zu extremer Sparsamkeit zwangen. Aber diese Regelung bedeutete auch eine Befreiung und wurde als solche gefeiert.

Und tatsächlich: An diesem Tag verkündete es der Amtsbote – der Büttel – auf den öffentlichen Plätzen. Ein Traum war Wirklichkeit geworden.

Mitte des 8. Jahrhunderts übernahmen die Karolinger von den Merowingern die Herrschaft über das Frankenreich, also auch über dem südwestdeutschen Raum. In der Folge bildete sich hier ein System der Stände heraus, bestehend aus Ministerialen – aus Teilen dieses Stands entwickelte sich der niedere Adel –, zins- und dienstverpflichtete Menschen und Unfreie bzw. Leibeigene. Leibeigenschaft ist rein rechtlich nicht mit Sklaverei zu verwechseln, in der Praxis kam es wie immer darauf an, denn das Machtgefälle war offenkundig. Trotzdem: Der Leibeigene hatte nicht nur Pflichten, sondern auch Rechte. Er konnte Geld erwirtschaften, war prozessfähig und durfte nicht gegen seinen Willen von seinem Heimatort entfernt werden. Der Leibherr hatte ihn militärisch zu schützen und musste ihm einen Rechtsbeistand stellen, wenn er sich vor einem fremden Gericht verantworten musste. Der Leibherr konnte nur die Leibeigenschaft verkaufen, kaufen oder tauschen, also nicht den Menschen selbst, sondern nur dessen Verpflichtungen. Überdies wurde die Leibeigenschaft immer von der Mutter auf ihre Kinder vererbt.

Je nach Herrschaft war die Bürde der Leibeigenschaft leichter oder schwerer zu tragen. Aber eine Last war sie immer. Neben von der Herrschaft festgelegten Aufgaben wie Spanndiensten, Wegebau, Mitwirkung bei Treibjagden und Arbeiten im herrschaftlichen Weinberg musste jede Frau jährlich eine „Leibhenne“ abgeben. Gab es einen Todesfall in der Familie, mussten Männer das „Besthaupt“ abliefern – das beste Stück Vieh – und Frauen das „Bestkleid“. Die Herrschaft entschied auch, wen man heiraten durfte oder musste. Der eigene Wille war nicht gefragt.

Manche versuchten es mit Flucht. Flüchtige wurden aber im ganzen Land gesucht und landeten im Gefängnis, wenn man sie ergriff. Ziel der Flucht war immer eine freie Reichsstadt. Wenn man die erreichte und dort das Bürgerrecht erwerben konnte – manchmal erst nach mehreren Jahren –, dann war man die Leibeigenschaft los. Daher kommt der Spruch „Stadtluft macht frei!".

Grund und Boden gehörten einem auch nicht: Man war Pächter. Zwar konnte man die Pacht an seine Nachkommen vererben, aber nur, wenn der Grundherr damit einverstanden war. War man beispielsweise zu aufmüpfig, verwirkte man dieses Recht schnell und der Grund und Boden ging an einen anderen zur Pacht.

Um die Steuern einzutreiben – den „Großen Zehnten" für den Staat und den „Kleinen Zehnten" für die Kirche –, war in Weinbaugemeinden eine Einrichtung von allergrößter Bedeutung: die Kelter. Denn dort konnte neben den Steuern in Form der Naturalabgabe auch die Pacht direkt eingesammelt werden. Die Pacht belief sich auf 25 bis 50 Prozent der jährlichen Traubenernte. Es galt der „Kelterbann": Die Weingärtner waren an eine bestimmte Kelter gebunden und mussten dort ihre Trauben abpressen. Vor dem Pressen kamen die Finanzbeamten in Gestalt vereidigter „Kelterknechte" und entnahmen die Trauben der Herrschaft. Es waren nie die schlechten Trauben.

In Weinbaugemeinden wie Feuerbach war neben den herrschaftlichen Gebäuden und der Kirche die Kelter ein Zentrum der Gemeinde. Die Feuerbacher Kelter ist schon seit 1356 verbürgt. Sie gehörte den Herren von Frauenberg. Weil die Frauenberger aber auch als Raubritter tätig waren, wurden sie vom württembergischen Grafen bestraft, indem er ihnen ihre Weinberge und damit auch die Hälfte der Kelter nahm. Die andere Hälfte gehörte dem Kloster Bebenhausen und dem Chorherrenstift in Sindelfingen. Als Graf Eberhard im Barte 1477 die Tübinger Universität gründete, machte er aus den Sindelfinger Chorherren die ersten Professoren. Die nahmen als Teil ihres Gehalts ihre Weinpfründe gerne mit. Sie mochten ihn nämlich aus guten Gründen lieber als den Tübinger Wein. So wurde ein Teil des Feuerbacher Weins Gehaltsbestandteil der Tübinger Professoren. Natürlich errichtete die Universität ihren eigenen Weinkeller in Feuerbach und beschäftigte einen Universitätsbeamten als Aufseher über Fronarbeiten und Kelterbann.

Die andere Hälfte des Weins ging an den Hof nach Stuttgart, dessen Keller im Alten Schloss und dessen Weinamt neben dem Schellenturm lag. Im Alten Schloss gab es für diesen „Teilwein" ab 1593 ein eigenes Fass, das 33600 Liter fasste und 1875 zum letzten Mal gefüllt wurde. Der Feuerbacher kam aber nur ins große Sammelfass, wenn er der Hofgesellschaft nicht mundete. Denn er wurde am Hof getrunken. War er den feinen Damen und Herren nicht gut genug, wurde aus ihm „Deputatswein". Damit wurden dann die württembergischen Beamten und Pfarrer bezahlt.

Deputatswein bekam beispielsweise auch der württembergische Baumeister und Stararchitekt Heinrich Schickhardt (1558–1635) aus Herrenberg als einen Teil seines Lohns. Er wird in der Landesgeschichte etwas großspurig als „Württembergischer Leonardo da Vinci" bezeichnet. Doch in der Tat entwarf und baute er zahlreiche Gebäude, die noch heute an ihn erinnern: Er baute die Städte Herrenberg und Mömpelgard (Montbéliard) wieder auf, schuf die Neckarbrücke zwischen Köngen und Wendlingen und hinterließ rastlos tätig im ganzen Land seine Spuren. Auch an der Feuerbacher

Kelter baute er mit, und dies aus eigenem Interesse: Er besaß in Feuerbach einen eigenen Weinberg, war also nicht auf den Deputatswein allein angewiesen.

Da hatte der Weinbau in Württemberg schon Tradition. In Cannstatt wurde 708 in einer Urkunde der erste Weinbau nachgewiesen. In Stuttgart ist der „Relenberg“ bis heute ein Weinberg. Er könnte auf Herzogin Reginlinde zurückgehen und wäre damit bereits in der ersten Hälfte des 10. Jahrhunderts angelegt worden. Also gleich nach dem „Stuotengarten“. Ein Mönch namens Ulrich vermachte 1108 dem Kloster Bebenhausen Stuttgarter Weinberge. 1229 ist als Erste eine Lage namens „Mönchhalde“ vermerkt und in einer Urkunde von 1250 erscheint der erste Stuttgarter mit Namen: ein Weingärtner, „qui dicitur Buzze“ – „der Buzze genannt wird“.

Ein weiterer Feuerbacher Weinberg wurde am 8. April 1281 zum ersten Mal dokumentiert. Albrecht von Frauenberg war um sein Seelenheil und das seiner Nachkommen besorgt und soll ihn dem Kloster Bebenhausen vermacht haben mit der Maßgabe, dass für ihr Seelenheil gebetet werde.

Als das Kloster Bebenhausen mit der Reformation 1534 württembergisch wurde, gingen seine Besitzungen wie die der anderen Klöster an den Staat über. Die Württemberger besaßen nun alle Weinberge in Feuerbach.

Doch bis zur Bauernbefreiung sollte es noch 318 Jahre dauern. Denn mit den Bodenreformen war das so eine Sache. Bereits König Friedrich hatte zu Beginn seines Königreichs 1806 einen Anlauf gemacht, der jedoch versandete. Nicht nur deshalb, weil die alten Herrschaften der vielen ins Königreich übernommenen Kleinststaaten dagegen waren und munter Sand ins Getriebe warfen, sondern auch, weil die Verwaltungen schlampig geführt waren. Erst König Wilhelm I. setzte wieder einiges in Bewegung. So kippte er gegen großen Widerstand 1848 die Eigentumsrechte der Grundherren. Aber die Umsetzung dauerte, die Niederschlagung der Revolution 1848/49 ließ den König wieder schwanken und manche Akten waren immer noch nicht zu finden.

In Feuerbach jedenfalls war es an diesem späten Oktobertag im Jahre des Herrn 1852 so weit. Christian Nagel und Gottlob Pfander saßen mit anderen im „Hirsch“ und prosteten sich mit Feuerbacher Wein gegenseitig zu: Sie waren freie Weingärtner mit eigenem Weinberg – aber auf 25 Jahre ordentlich verschuldet.

Nota bene: Bis 1852 musste im Wirtshaus für jeden Krug Wein das „Ungelt" bezahlt werden, die vom Wirt einzunehmende und an den Staat abzuführende Weinsteuer auf den ausgeschenkten Wein. 1549 zahlten die Wirte aus Feuerbach die höchste Ungeltsteuer im gesamten Amt Stuttgart, gefolgt von Waldenbuch und Echterdingen. Dieses „Ungelt" fiel 1852 ebenfalls weg, es wurde durch die neue Ausschanksteuer ersetzt. Die war allerdings genauso hoch, das Kind bekam also nur einen anderen Namen.

Ein Kelterbaum aus Eiche

Zentrum einer Kelter war die Weinpresse in Form einer Baumpresse, auch Torkel genannt. Nicht nur in Schwaben verwendete man für den Kelterbaum gerne das haltbare, stabile Eichenholz. Mit Kelterbäumen aus Eiche war man in der Lage, den enormen Druck aufzubauen, den es für das Pressen der Trauben braucht. Derartige Baumpressen waren bis ins 20. Jahrhundert hinein in Betrieb. Heute kann man sie sich in Weinbaumuseen wie dem in Stuttgart-Uhlbach anschauen.

Tauberbischofsheim. – Wie Württemberg fast preußisch geworden wäre

Friedrich Mauch trieb seine Sau mit einem Stock langsam auf der Richtstattallee Richtung Feuerbach entlang. Im September 1866 hatte er sie noch im Wald nach Eicheln suchen lassen, um die Eichelmast etwas aufzufrischen. In Feuerbach gab es einen guten Metzger. Die Sau war schlachtreif. Der Winter würde kommen. Im Herbst wurde geschlachtet, weil man nie wissen konnte, wie stark Eis und Schnee das Land beherrschen würden. Erst die Schweine, schließlich musste man deren Fleisch noch pökeln oder räuchern, ab Anfang November die Gänse. Da passte die Geschichte des Heiligen Martin vortrefflich als Begründung. Sie sollen ihn einst verraten haben, als er sich versteckte, weil er nicht Bischof werden wollte.

Kurz vor der Eiche – sie stand in vollem Saft am Wegdreieck – sah er zwei Gestalten vom Tal hochkommen, zerrissen und dreckig. Aber der Dreck konnte nicht verbergen, dass sie württembergische Uniformen trugen. Bewaffnet sahen sie nicht aus, und so wartete er mit einer gewissen Neugier ab.

Voller Erstaunen stellte er fest, dass es die Feuerbacher Jakob Laich und Christian Wörner waren, die da so zerschunden vor ihm standen. Auch sie hatten ihn erkannt.

„Um Gottes Willen!“, sagte Mauch erschrocken. „Wie seht ihr denn aus?“

„Wie man halt so aussieht, wenn man frisch aus preußischer Gefangenschaft entlassen wurde“, knurrte Laich. „Wie sieht es denn in Feuerbauch aus? Sind wir noch willkommen?“

„Ja, warum denn nicht?“

„Na, immerhin haben wir bei Tauberbischofsheim den Krieg verloren! Die Preußen wollten überflüssige Esser loswerden, nur deshalb hat man uns entlassen. Was meinst du, wie man uns daheim empfängt?“

„Keine Sorge, wie die verlorenen Söhne! Wir sind ja froh, dass ihr überlebt habt!“

„Wir schon! Aber der Gottlieb Epple aus der Gaisgasse nicht!“

„Was? Der Gottlieb ist gefallen? Wenn ihr euch gewaschen habt und wieder manierlich ausseht, geh ich mit euch zu seinen Eltern.“

In den 1860er-Jahren gab es politisch vor allem ein Thema in Deutschland: Wer würde die Oberhand bekommen und damit das zukünftige Deutschland anführen – Preußen oder Österreich? So diskutierte man an den Stammtischen heftig über die „kleindeutsche (preußische)“ oder „großdeutsche (österreichische)“ Lösung. Die Süddeutschen waren wie die Hannoveraner eindeutig für Österreich.

Otto von Bismarck sah das völlig anders. Er wollte Deutschland als Kaiserreich unter preußischer Führung. Darauf arbeitete er hin. Die Süddeutschen mochte er nicht. Schon 1859 hatte er dem preußischen Kronprinzen Friedrich vorgeschlagen, das preußische Heer solle „die Grenzpfähle im Tornister“ nach Süden marschieren und sie „am Bodensee, oder da, wo das protestantische Bekenntnis aufhört,“ wieder einschlagen.

In Württemberg war Wilhelms Sohn Karl 1864 König geworden. Im gleichen Jahr marschierten Preußen und Österreich gemeinsam nach Schleswig-Holstein, schlugen dort die Dänen und vergrößerten so das zukünftige Deutschland. Denn das gab es noch nicht als ein Reich – das wurde zwar von vielen gewollt, ersehnt und angestrebt, es entstand aber erst 1871. Bis dahin gab es nur den Deutschen Bund, der aus dem Jahr 1815 datierte. Aber die Frage nach einem zukünftigen Reich trieb alle um. Der württembergische König und sein „Leitender Minister“ Karl von Varnbüler fürchteten, zwischen Preußen und Österreich zerrieben zu werden, und setzten sich für ein „drittes Deutschland“ ein: bestehend aus Baden, Württemberg, Bayern, Hannover und allem, was noch nicht preußisch oder österreichisch war.

Ab 1864 war klar, dass Preußen versuchte, Österreich aus Deutschland zu verdrängen. Im April 1866 legte Preußen einen Plan für ein neues Deutschland vor, der für Österreich in allen Punkten unannehmbar war, was es umgehend kundtat. Daraufhin trat Preußen aus dem Deutschen Bund aus. Nun musste der Bund handeln und erklärte Preußen den Krieg.

Auch die Württemberger glaubten daran, dass Bismarck sich verzockt hatte und Preußen den Krieg verlieren würde.

Aber die Preußen hatten einen genialen Generalfeldmarschall, Helmut von Moltke, ein Schüler von Carl von Clausewitz. Beide kennt man heute noch aus den Geschichtsbüchern.

Moltke setzte auf die Eisenbahn als Truppentransportmittel. Als die Württemberger nach langen Fußmärschen in Tauberbischofsheim ankamen, waren die Preußen mit der Dampflok schon da. Sie waren auch kriegsgerätetechnisch im Vorteil: Während die Württemberger wie alle Süddeutschen mit ihren Vorderladern in Linien antraten und die Gewehre nur im Stehen laden konnten, hatten die Preußen bewegliche Truppenteile, ausgerüstet mit dem neuen Zündnadelgewehr, einem Hinterlader mit fünffacher Schussgeschwindigkeit. Sprich: Während die Württemberg mühsam und ohne Deckung im Stehen nachladen mussten, schossen die Preußen hinter Deckung liegend fünf Schuss. Die logische Folge: Von den Württembergern verloren in der Schlacht von Tauberbischofsheim am 24. Juli 1866 66 Menschen ihr Leben, darunter Gottlieb Epple aus Feuerbach. Außerdem gab es 500 Verwundete und 150 Vermisste. Die Preußen hatten 16 tote Soldaten zu beklagen.

Auch in Feuerbach bekam man das Desaster rasch mit. Die Verwundeten durften immerhin mit dem Zug fahren und wurden in Feuerbach ausgeladen. Sie lagen am Bahnhof, stöhnten und schrien, denn die Sanitätskolonne, die sie auf die zum Lazarett umgebaute Solitude bringen sollte, kam erst viel später. In der Zwischenzeit versorgte die Feuerbacher Bevölkerung die Verwundeten wenigstens mit Wasser und Brot.

Jetzt war guter Rat teuer. Das Königreich Württemberg hatte den Krieg verloren. Würde es zu einer preußischen Kolonie werden, so wie das Königreich Hannover? Der König dort wurde abgesetzt, das Land von Preußen verwaltet als neue Provinz, so wie Kassel und Sachsen-Anhalt. Der „Leitende Minister“ Karl von Varnbüler fuhr sofort nach Würzburg, um einen Waffenstillstand zu unterzeichnen, und dann weiter nach Berlin, um mit Bismarck zu verhandeln.

Karl von Varnbüler war Diplomat und nach heutigem Sprachgebrauch ein „Wendehals". Bis Tauberbischofsheim war er gegen Preußen und Bismarck. Danach pochte er auf strenge Einhaltung der Verträge mit Preußen und erkannte früh die Gefahr, die von Frankreich ausging. Das nämlich wollte in Europa auch mitspielen, und Varnbüler wusste, wie schnell man vom Elsass aus in Stuttgart war. Diese Weitsicht lernte Bismarck an ihm zu schätzen.

Varnbüler hatte überdies noch einen Trumpf in der Tasche, der am Schluss im Hinblick auf Württembergs Schicksal 1866 und bei der Gründung des Kaiserreiches 1871 stach: Königin Olga von Württemberg. Sie war eine Tochter des Zaren von Russland. Hochintelligent, begabt, sehr gebildet, in politischen Fragen ihrem Mann Karl weit überlegen, eine der reichsten und schönsten Frauen Europas. Sie konnte Bismarck nicht leiden. Er sie auch nicht – aber er bewunderte sie. Angeblich soll er über sie gesagt haben: „Die Königin Olga ist der einzige Mann am Hofe in Stuttgart". Nun, diese Formulierung wurde ja gerne verwendet. Aber Bismarck hatte recht. Mit Königin Olga musste er rechnen – und damit mit dem Zarenreich Russland.

Dem Realpolitiker Bismarck war das sehr bewusst. Würde er die Zarentochter Königin Olga von Württemberg absetzen, hätte er Russland zum Feind. Sein Feind aber war Frankreich. Dieses Land stand der Einigung Deutschlands unter Führung Preußens im Weg. England war kein Problem, und Russland durfte keines werden.

Bismarcks Überlegungen retteten das Königreich Württemberg und verschafften ihm noch bei der Reichsgründung 1871 Privilegien: Das württembergische Heer unterstand nur im Krieg dem deutschen Kaiser, Post und Eisenbahn blieben selbstständig. Württemberg hatte ein eigenes Wahlrecht: Eine Stimme hatte jeder Mann ab dem 25. Lebensjahr, in Preußen gab es noch ein Dreiklassenwahlrecht. In Württemberg gab es Presse- und Versammlungsfreiheit, in Preußen nicht. Auch deshalb war hier der „Kulturkampf" gegen die katholische Kirche lau und die preußischen Sozialistengesetze gegen die Sozialdemokraten zogen auch nicht wirklich. So wurde Württemberg zum Exil von vielen Katholiken und Sozialdemokraten aus Preußen.

Königin Olga von Württemberg, eine, wie ihre Hofdame und Freundin Eleonore von Massenbach beschrieb, „königliche Gestalt vom Scheitel bis zur Sohle", war eigentlich todunglücklich. 1846 hatte sie in Palermo den württembergischen Kronprinzen Karl kennen gelernt. Die beiden verlobten sich und heirateten im gleichen Jahr in St. Petersburg. In Stuttgart bauten sie sich zum Entsetzen von König Wilhelm die Villa Berg, der den Baustil grässlich fand.

Doch Olga musste erkennen, dass ihr Mann Karl schwul war und sie nicht die Kinder bekommen würde, die sie sich so sehr wünschte. Karl, den sein Vater für völlig unfähig hielt, hatte Interesse an Theater und Musischem, nicht aber an Militärischem und auch nicht am Regieren. Mit seinem Liebhaber, den er bei seiner Frau als „Vorleser" in ihrem Hofstaat unterbrachte, war er lieber in Nizza als in Stuttgart. Während er sich mit ihm dort öffentlich auf der Hafenpromenade Eifersuchtsdramen lieferte – die internationale Presse berichtete ausführlich und genüsslich darüber –, hielt Olga in Stuttgart eisern die Stellung. In Stuttgart wurde hinter vorgehaltener Hand erzählt, der König habe, weil er sich ein halbes Jahr in Nizza herumtrieb, über 800 Dokumente nicht unterschrieben, weshalb sie nicht rechtskräftig werden konnten. Olga durfte nicht unterschreiben. Die württembergische Presse berichtete nicht über diese fatale Situation, die sozialdemokratischen Blätter brachten nur Anspielungen.

Übrigens: König Karl war als König auch Oberhaupt der pietistisch geprägten evangelischen Landeskirche, also praktisch ihr Bischof. So hatte das fromme Württemberg als einzige Landeskirche Deutschlands einen schwulen Bischof.

Da Olga direkte politische Aktivitäten verwehrt waren, widmete sie sich verstärkt sozialen Aufgaben, insbesondere in der Krankenfürsorge. Beispielsweise übernahm sie die Schirmherrschaft für das dann nach ihr benannte Olgahospital, einer Krankenanstalt für Kinder, heute Teil des Klinikums Stuttgart, das Stuttgarter Karl-Olga-Krankenhaus trägt ihren Namen und den ihres Mannes, auch das Gymnasium Königin-Olga-Stift im Stuttgarter Westen erinnert an sie.

Friedrich Mauch, seine Sau, Jakob Laich und Christian Wörner marschierten zusammen nach Feuerbach. Die Kriegsheimkehrer wurden, wie Mauch es vorhergesagt hatte, herzlich begrüßt. Die Männer hatten überlebt. Das war erst mal das Wichtigste. Alles andere würde sich schon ergeben.

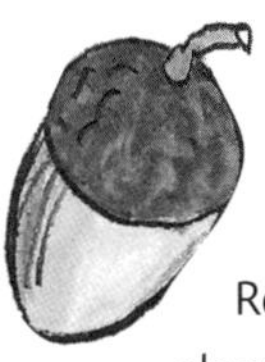

Die Eiche in der Heraldik

Als Symbol für Stärke und Standfestigkeit ist die Eiche nachgerade prädestiniert dafür, in der Heraldik eine hervorragende Rolle zu spielen. So werden sowohl die Eicheln abgebildet als auch die Blätter und/oder der ganze Baum. Beispielsweise zieren drei silberne Eichenblätter das Wappen der Adelsfamilie Bismarck. Im Wappen des Königreichs Württemberg umschließen goldene Eichenblätter den von einem schwarzen Löwen und einem goldenen Hirsch gehaltenen Schild mit den drei Hirschstangen des Hauses Württemberg und den drei staufischen Löwen.

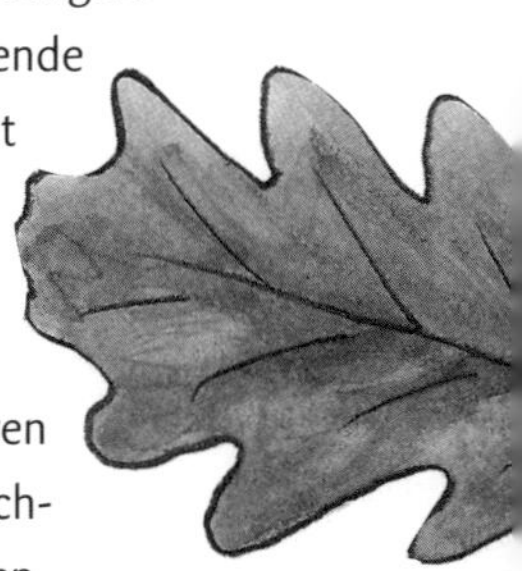

„Ob Armut euer Los auch sei,
hebt hoch die Stirn, trotz alledem!“

Die beiden Freundinnen Adelheid und Bärbel waren in diesem Frühherbst schon oft im Feuerbacher Wald Pilze sammeln gewesen, so auch heute. Die Ausbeute war gut, nun gingen sie den Weg zur Dischenburg entlang, um an der Eiche vorbeizukommen auf ihrem Heimweg nach Feuerbach. Das war zwar ein Umweg, aber an der Eiche kam der Weg aus dem Lindentäle hoch – die Gelegenheit, Frieder und Hans zu treffen. Die beiden Gerlinger hatten in Feuerbach Arbeit gefunden: Sie waren um diese Zeit auf dem Weg zur zweiten Schicht in der Photochemischen Fabrik Hauff – damals bereits ein Weltmarktführer in der Herstellung von Entwicklern und Fixierern für Fotos der ersten Fotoapparate. Die vier jungen Leute hatten nämlich ein Auge aufeinander geworfen. Und von hier bis zu den ersten Häusern von Feuerbach konnten sie ungestört reden und auch mal dicht nebeneinander hergehen. Mehr war erst mal nicht drin in einer Zeit, wo nicht nur die Eltern auf ihre Töchter mehr als nötig aufpassten, sie fast unter Hausarrest hielten, sondern wo auch an Ehen aus Liebe nicht zu denken war. Ehen wurden von den Eltern arrangiert und man achtete sehr darauf, dass „Sach’ zu Sach’“ kam. Nur der Grundbesitz zählte beim täglichen Kampf ums Überleben. So entstand der schöne Spruch: „Schönheit vergeht, Hektar besteht!“

Für Feuerbacher kam noch erschwerend dazu, dass die beiden Burschen aus Gerlingen kamen, also aus einem anderen Ort. Noch schwerwiegender war allerdings, dass beide „nur“ Arbeiter waren.

Die Industrialisierung hatte in Feuerbach 1863 mit der Gründung der Jobst'schen Chininfabrik begonnen. Inzwischen hatten sich weitere Firmen dazugesellt, die so schnell wuchsen, dass die Feuerbacher gar nicht genug Arbeitskräfte stellen konnten. Also zog jeden Morgen und Abend ein Zug von Auswärtigen durch die Feuerbacher Straßen, und da schon bald in Schichten gearbeitet wurde, mehrmals am Tag. Zu diesem Tross gehörten auch Frieder und Hans. Irgendwann hatten sie die beiden Mädchen im Wald getroffen, ein wenig geschäkert und die Gelegenheit genossen, dem anderen Geschlecht ohne Aufsicht von irgendwelchen Meistern, Lehrern, Pfarrer und Tanten begegnen zu können.

Adelheid und Bärbel hatten die Zeiten richtig eingeschätzt, die Jungs kamen eben den Weg hoch.

Hans strahlte: „Euch Mädels zu sehen entschädigt dafür, dass wir in tiefster Nacht zurückmarschieren müssen!“

„Warum sucht ihr euch denn nicht eine Bleibe in Feuerbach?“

„Ganz einfach! Weil es keine gibt, jedenfalls keine bezahlbare!“

„Hm“, sagte Adelheid, „mein Vater hat jetzt unsere Dachkammer mit zwei Stockbetten ausgerüstet und gleich doppelt vermietet. In vier Betten schlafen acht Leute!“
„Wie geht das denn?“

„Na ja, seit immer mehr Fabriken Schichten eingeführt

haben, schlafen die einen nachts und die anderen tagsüber. Das kommt schon hin."

Frieder runzelte die Stirn. „Dagegen kämpfen wir als Gewerkschaftler und in der Partei!"

„Oh, dann seid ihr Sozialisten!", meinte Bärbel betrübt. „Wenn das mein Vater mitbekommt ..."

Die fröhliche Stimmung war dahin. Schweigend trennten sich die Pärchen an den ersten Häusern von Feuerbach.

Die beiden jungen Männer pfiffen beim Weitergehen leise ein Lied: „Ob Armut euer Los auch sei, hebt hoch die Stirn, trotz alledem". Es war eines der ersten Arbeiterlieder Deutschlands und ging auf einen englischen Text zurück. Ferdinand Freiligrath hatte 1843 und noch einmal 1848 das Gedicht des schottischen Nationaldichters Robert Burns ins Deutsche übertragen. Es wurde bald zur Hymne der deutschen Arbeiter.

Ab 1870 boomte es in Deutschland, dank der französischen Reparationszahlungen. Freies Unternehmertum, ein sich entwickelnder Kapitalmarkt, Erfindungen und Patente trafen auf verschuldete Kleinbauern und arbeitslose Handwerker, die gesetzlich völlig ungeschützt der Willkür der Fabrikbesitzer ausgeliefert waren. Es herrschte Klassenkampf mit allen seinen Folgen.

In Württemberg nicht so sehr, denn hier gaben die Arbeiter das bisschen Grund und Boden, das ihnen durch die Realerbteilung als Erbe zugefallen war, nicht so schnell auf. Da wurde eben zur Arbeitsstelle gependelt und abends auf dem Feld geackert. Nach 12-Stunden-Schichten und Samstagsarbeit eine arge Schinderei. 70 Stunden Arbeitszeit in der Woche waren normal. Da war es schon eine Sensation, als am im April 1892 die Arbeitszeit der Frauen auf elf Stunden täglich gesetzlich begrenzt wurde. Die hatten allerdings noch die ganze Hausarbeit zu erledigen, den Nutzgarten, so vorhanden, zu bestellen und die Kinder, Alte und Kranke zu versorgen. Sie hatten praktisch überhaupt keine Freizeit.

Völlig utopisch war in diesen Zeiten die Forderung der SPD: „8 Stunden Arbeit! 8 Stunden Muße! 8 Stunden Ruhe!"

Auch Kinderarbeit war selbstverständlich. Bei den Kleinbauern und Weingärtnern sowieso. Aber auch in den Fabriken gab es Arbeit für sie. 1895 waren in Feuerbach 79 Kinder in den Fabriken beschäftigt, 39 davon mit „Dütenkleben". Die Kindheit war mit der Konfirmation endgültig vorbei, dann begann die Lehre, das Dienen in fremden Haushalten oder einfache Fabrikarbeit. Aber auch vor der Konfirmation gab es keine Kindheit in unserem heutigen Sinne. Zeit zum Spielen war Zeitverschwendung und Verschwendung von „Humankapital", die konnte man sich als arme Familie gar nicht leisten. Dazu kam eine große Kindersterblichkeit: In Feuerbach betrug sie im Kaiserreich 29,5 Prozent. Mit anderen Worten: Fast jedes dritte Kind starb im Kindesalter.

Irgendwann war das Maß voll, prallten die Fronten aufeinander. 1885 kam es in den Steinbrüchen auf dem Killesberg zum ersten Streik. Die Steinbrecher, Feuerbacher Weingärtner, die als Taglöhner die Steine für die Hausfassaden im neuen Stuttgarter Westen brachen, meuterten wegen den Arbeitsbedingungen. Diese Steinbrecher gründeten 1887 den Feuerbacher Arbeiterverein, aus dem 1890 die Feuerbacher SPD wurde.

Der Streik mit der bei Weitem kuriosesten Forderung fand am 21. April 1912 statt. Wieder waren es die Steinbrecher. Sie verlangten, dass ihr Tageslohn nicht mehr in einer bestimmten Wirtschaft ausbezahlt wurde, sondern im Steinbruch. Der Wirt und andere Gäste nötigten nämlich die eben zu ihrem kargen Lohn Gekommenen gerne dazu, eine Runde ausgeben!

Die Wirtschaft florierte, das Pendeln wurde immer schwieriger, die Leute mussten von immer weiter her kommen. Feuerbach hatte schon bald mehr Arbeitsplätze als Einwohner. Das logische Ergebnis: Es herrschte absolute Wohnungsnot. Daher wurden nicht nur Zimmer mehrfach vermietet, sondern auch einzelne Betten. Wie bei der Marine kam es so zum Prinzip der „warmen Koje“ – die Betten wurden niemals kalt. „Schlafgänger“ oder „Bettgeher“ nannte man solche Mieter. Wenn das Bett nicht frei war, blieb nur das Wirtshaus als Aufenthaltsort. 1860 gab es in Feuerbach 8 Wirtschaften, 1913 waren es schon 69 Kneipen.

Eine Alternative entwickelte sich allerdings im gleichen Zeitraum. Es entstanden 129 zusätzliche Flaschenbierhandlungen, und zwar in den Küchen der Weingärtner. Die brauchten keine Lizenz, solange sie Getränke nur in Flaschen und nur kalte Speisen verkauften – etwa ein Schmalzbrot. So entstand ein Zuverdienst für die einen und ein Aufenthaltsort für die anderen.

Doch die Wohnungssituation schrie weiterhin zum Himmel. Not macht bekanntlich erfinderisch und so hatten die beiden Brüder Ludwig und Adolf Fahrion eine neue Geschäftsidee. Ihr Vater hatte 1883 eine Baugesellschaft gegründet. Die beiden konstruierten nun ein Haus von der Stange, sozusagen ein Fertighaus. Es hatte anderthalb Stockwerke mit genormten Maßen, Wänden, Fenstern und Türen. Um es preiswert anbieten zu können, verwendeten sie einen Baustoff, der in Norddeutschland üblich war, nicht aber im Süden: Backstein. Den konnte man überall herstellen und so entstanden in und um Stuttgart Hunderte dieser immer gleich aussehenden Häuser: bis zum letzten Kanalisationsanschluss durchgenormt. Genannt das „Feuerbacher Haus I“, dem schon bald das „Feuerbacher Haus II“ folgte, nun mit zwei Stockwerken, sodass man genügend Platz für Untermieter hatte. Das Ganze war ein Verkaufserfolg. Von diesen Häusern stehen noch heute über 100 allein in Feuerbach.

In der Nacht marschierten unsere beiden Gerlinger wieder zurück. Alleine. Frieder seufzte. „Die Bärbel und die Adelheid sind wir los. Wär ja auch zu schön gewesen. Die Bärbel hätte mir schon sehr gefallen!“

„Hab’ ich gemerkt. Sei bloß froh, dass mir die Adelheid besser gefallen hat. Sonst hätten wir uns am Ende noch gestritten. Was soll’s, wir hätten sowieso keine Chance gehabt! Wengerter und Arbeiter trennen Welten. Die Väter hätten nie zugestimmt!“

„Dann hätten wir halt kämpfen müssen“, schnaubte Frieder. „Durchbrennen, wegziehen. In Esslingen, Göppingen, Metzingen, Reutlingen – überall gibt es Fabriken und Arbeit. Und die Partei ist auch schon überall.“

Da fiel Hans etwas ein: „Stell dir vor, was ich heute gehört habe: Der Karl Kautsky ist in den Stuttgarter Westen gezogen. Er will aus der Parteizeitung ‚Die neue Welt‘ heraus eine neue Zeitung gründen, die ‚Die neue Zeit‘ heißen soll.“

„Karl Kautsky? Meinst du den, der mit Friedrich Engels befreundet ist und als Parteisekretär für August Bebel arbeitet?“

„Genau der! Von den Preußen wird er gesucht, hier kann er noch arbeiten. Und stell dir vor, im Haus daneben wohnt die Clara Zetkin! Na ja, mit der ist nicht gut Kirschen essen! Die wird uns noch viel Ärger einbringen. Viel zu revolutionär!“

„Sag mal, wohnt nicht auch der Robert Bosch im Stuttgarter Westen?“, fragte Frieder. „Die könnten sich dann ja zusammentun. Was meinst du, was dabei herauskäme!“

Die Eiche als Bauholz

Eichenholz hat als Baumaterial eine stattliche Tradition. Es ist hart, robust und lässt sich zu unterschiedlichsten Zwecken verarbeiten. Eichenholz wurde früher gerne für Fachwerk verwendet, vor allem wegen seiner Stabilität und Beständigkeit. Da es die Wärme schlecht leitet, bot es gleichzeitig einen guten Wärmeschutz. Aber auch für den Innenausbau ist es hervorragend geeignet, etwa für Türen, Treppen oder Parkettböden. Massive Eichenmöbel liegen heute wieder absolut im Trend.

Vom Feldgeschrei zum großen Jammern

Die beiden Gerlinger Adolf König und Wilhelm Melchinger stapften am Vormittag des 1. September 1915 den Weg zur Eiche hoch.

„Halt mal an“, keuchte König, „ich muss erst wieder Luft kriegen! – Müssen die mich mit meinen 37 Jahren noch mal einziehen! Mein Militärdienst ist doch schon fast 20 Jahre her. Wobei, das war eigentlich eine ganz schöne Zeit. In Ulm beim Infanterieregiment Nr. 119 Königin Olga, der Name machte schon was her!“

Melchinger grinste: „Na ja, jetzt heißt unsere Truppe halt Infanterieregiment 126 Großherzog Friedrich von Baden. Und das uns als Württemberger! Aber wir müssen jetzt weiter. Um fünf Uhr müssen wir uns in Zuffenhausen melden.“

„Zur Patentante Hedwig in Feuerbach reicht’s schon noch. Ohne die hätte ich meine Lehre als Schreiner nicht bezahlen können, da bin ich ihr ein Ade schuldig. Außerdem hab ich so ein komisches Gefühl, wenn ich an den Krieg denke.“

„Geht mir genauso. Was man so aus Frankreich hört – mir ist ganz flau im Magen!“

Grund genug dazu hatten die beiden: Die Schulkameraden, Schreiner Adolf König, Ehemann und Vater von fünf Kindern, und Maurer Wilhelm Melchinger, Ehemann und Vater von sechs Kindern, wurden zu ihrer Verblüffung 1915 zum württembergischen Heer eingezogen. Mit 37 Jahren war man dafür eigentlich schon viel zu alt. Nun besann sich die militärische Führung nach nur einem Jahr Krieg auf sie. Das gab ihnen zu denken.

Auch in Württemberg war die Begeisterung 1914 groß gewesen – jedenfalls beim bürgerlichen Teil der Bevölkerung. Die Arbeiterschaft war nicht gerade enthusiastisch, sie demonstrierte sogar noch wenige Tage vor Kriegsausbruch gegen die große Mobilmachung. Aber je wohlhabender man war, desto deutsch-nationaler und kaisergläubiger war man auch. Außerdem fühlte man sich den Franzosen, Briten und Russen sowieso geistig und moralisch überlegen. Das lernten die Kinder schon in der Schule: „Jeder Schuss ein Russ'! Jeder Tritt ein Brit'! Jeder Stoß ein Franzos'!"

Auf die Eisenbahnwagons, die sie 1914 in den Krieg brachten, schrieben die Bürgersöhne: „Zum Frühstück auf nach Paris!" oder „Auf nach Paris! An Weihnachten sind wir wieder zurück!" Dieser Hochmut fiel rasch in sich zusammen.

Aus Frankreich hörte man nichts Gutes. Der deutsche Vormarsch 1914 mit dem Überfall auf das neutrale Belgien endete in einem Wettlauf bis zum Meer. Nichts ging mehr, die Soldaten aller Nationen gruben sich immer tiefer ein. Neue Artilleriegeschütze und Maschinengewehre verursachten Blutbäder, die man sich bis dahin nicht hatte vorstellen können. An einem einzigen Tag, nämlich am 1. Juli 1916, dem Beginn der Schlacht an der Somme, fanden rund 60 000 britische Soldaten den Tod.

Allein in der Herbstschlacht 1915 in der Champagne vom 22. September bis zum 6. November verloren etwa 250 000 alliierte Soldaten und 150 000 deutsche Soldaten, davon viele Württemberger, ihr Leben. Sieger: keiner. Geländegewinne: keine.

Dabei wäre der Krieg an Weihnachten 1914 tatsächlich fast schon zu Ende gewesen. Die Deutschen hatten nämlich keine Munition mehr. Das alte Pulver war aufgebraucht, verschossen. Denn zur Herstellung von Schießpulver und Granaten brauchte man Salpeter, genauer: Stickstoff. Der kam mit den Segelschiffen aus Chile. Die konnte man auf der Nordsee bereits riechen, bevor man sie sah. Denn der Salpeter musste oft genug noch aus Guano, Vogelkot, gewonnen werden. Da aber die Engländer eine sehr erfolgreiche Seeblockade auf der Nordsee unterhielten und so weder Schiffe nach Deutschland hinein- noch herauskamen, gab es bald nur noch den Mangel im Überfluss. Nicht nur die Sprengstoffindustrie war auf Nachschub angewiesen. Die Textilunternehmer auf der Schwäbischen Alb brauchten Baumwolle aus Ägypten und den USA. Alle wollten Kaffee und Tee, eben alles, was man unter dem Begriff „Kolonialwaren" zusammenfasste. Stuttgart war damals eine führende Stadt der Schokoladenherstellung in Deutschland, es gab allein vier große Marken: Moser-Roth, Eszet, Waldbaur und Ritter. Jetzt fehlte der Kakao. Die Wirtschaft war schon damals globaler aufgestellt, als es sich die Deutschnationalen eingestanden.

Nun veröffentlichten die Zeitungen praktische Tipps: Aus Bucheckern und Eicheln wurde Kaffee-Ersatz hergestellt. Brombeer- und Maulbeerblätter wurden getrocknet und als Tee aufgegossen. Rindertalg und Hammelfett ersetzten die Butter. „Ersatz-" wurde zum geflügelten Wort.

Fritz Haber und Carl Bosch gelang die Ammoniaksynthese, ein später Haber-Bosch-Verfahren genannter Vorgang, bei dem aus dem Stickstoff in der Luft und Wasserstoff Ammoniak gewonnen wird. Dafür erhielt Fritz Haber 1919 den Nobelpreis für Chemie. Jetzt konnte man Düngemittel für die Landwirtschaft herstellen und Sprengstoff für das Militär.

Haber war aber auch der „Vater des Giftgases". Das setzten die Deutschen am 22. April 1915 zum ersten Mal in Ypern ein. Das deutsche Chlorgas war schwerer als Luft, sank in die Gräben ein und verätzte die Lungen. Die Gasmaske war noch nicht erfunden. 14 000 Belgier und Franzosen kotzten sich an diesem Tag die Lunge aus dem Hals. Fritz Haber tobte, aber nicht wegen der teils elend krepierten, teils für immer schwer gezeichneten Menschen. Er tobte, weil die deutsche Heeresleitung nicht an den Erfolg seines Gases geglaubt und keine Reserven für einen Sturmangriff bereitgehalten hatte. Sechs Kilometer Front mit Leichen und Schwerverletzten, ohne Verteidigung, und die deutschen Soldaten sahen zu.

Aber auch in Württemberg sah es nicht gut aus. Die Menschen waren geschockt, druckten die Tageszeitungen doch täglich die Liste der Gefallenen ab – und die wurden immer länger. Auch kamen jetzt in Feuerbach täglich Lazarettzüge an. Robert Bosch hatte eine große Fabrikhalle leergeräumt und als Lazarett zur Verfügung gestellt.

Auch die Eiche merkte etwas vom Krieg. Ihre Eicheln wurden begehrtes Sammelgut. Jetzt waren jeden Tag Menschen im Wald unterwegs. Manche allerdings auch, weil sie etwas zu verbergen hatten.

Brot war knapp. So knapp, dass man schon ab Februar 1915 Brot nur noch kaufen konnte, wenn man Brotmarken hatte. Ausgegeben wurden diese Brotmarken vom Rathaus. Jeder Erwachsene bekam auf Karten 2 kg Brot in der Woche, oder 225 Gramm Mehl am Tag, sofern vorhanden. An Kuchen war gar nicht mehr zu denken, Zucker fehlte auch. Oft gab es „K-Brot": Kriegsbrot, das bis zu 30 % Kartoffelmehl enthielt. 1918 wurde sogar Sägemehl beigemischt. War die Ernte 1914 schon gering, weil die Männer aus der Landwirtschaft und Tausende von Pferden zum Militär eingezogen waren, fiel sie 1915 nochmals um ein Fünftel weniger aus. Jetzt herrschte Hunger in städtischen Familien. Also gab es die ersten „Hamsterfahrten“ aufs Land.

Der Staat versuchte die Preise für Getreide und Kartoffeln einzufrieren. Das gelang zwar, hatte aber den Effekt, dass es nun deutlich gewinnbringender war, aus Getreide nicht mehr Brot zu backen, sondern das Getreide zum Füttern von Tieren zu verwenden. Denn Fleisch war unbezahlbar geworden. Also lohnte es sich, „schwarz“ zu schlachten, und es begann ein lukrativer Schwarzmarkt- und „Schleichhandel“, den die Obrigkeit nicht in den Griff bekam.

Man möge doch Zuckerrüben kochen, war die Empfehlung. 1915 aber merkte die Obrigkeit, dass die wenigen Zuckerrüben nicht im Kochtopf landeten, sondern zu Schnaps gebrannt wurden. Immerhin gab es in Baden und Württemberg über 25 000 Brennrechte. Jetzt schlich man mit Wein und Schnaps zum Tauschen durch die Wälder und vermied dabei die Straßen, denn jeder volle Rucksack war – oft zu Recht – verdächtig.

In Deutschland war die Versorgungslage in vielen Gegenden katastrophal, besonders in den Städten. Bereits 1915 gab es die ersten Hungerkrawalle, als Frauen und Kinder vor den Versorgungsämtern protestierten. In Württemberg war die Versorgungslage hingegen noch aushaltbar – außer in Stuttgart und den anderen großen Städten. Denn ein württembergischer Arbeiter hatte immer noch ein kleines Stück Land, das er neben der Arbeit und am Samstagnachmittag bewirtschaftete. So ein „Gütle“ hatten auch Adolf König und Wilhelm Melchinger. Dazu gehörten eine Kuh, eine Ziege und ein Hasenstall. Falls sie es nicht schon eh konnten, lernten es die Ehefrauen schnell, eine Kuh anzuspannen und mit ihr zu pflügen, Heu und Stroh einzuholen. Die Streuobstwiesen gaben Obst, die Gärten Kartoffeln und Gemüse. Notfalls taten sich die Frauen aus der Nachbarschaft zusammen, um die Kartoffeln vor der Ernte zu bewachen und Krach zu schlagen, wenn sich Städter verdächtig näherten. Ganz alte Männer wurden als „Feldschütz“ eingesetzt und wachten mit. So kam man einigermaßen über die Runden. Die Kinder schickte man zum Sammeln von Bucheckern los, daraus ließ sich Öl pressen. Das viele Obst wurde man auch los – jemand aus der Verwandtschaft kannte bestimmt einen Brenner. Schon hatte man wieder etwas zu tauschen.

Adolf König sah seine Patentante an diesem 1. September 1915 tatsächlich zum letzten Mal. Was Tante Hedwig sparen konnte, sparte sie – auch am Essen. Sie gab es an die kleinen Nichten und Neffen weiter. Bald zählte auch sie zu den 750 000 Hungertoten in Deutschland, die der „Große Krieg“ forderte.

Die alten Reservisten König und Melchinger wurden in Zuffenhausen eingekleidet und nach Schwäbisch Gmünd zur Ausbildung geschickt. Von dort aus ging es an die Front in die Champagne. König schreinerte Tische und Stühle für die Unterstände und Stockbetten für die Lazarette in den leergeräumten Champagnerkellern in den Dörfern vor Reims. Melchinger lernte mit dem für ihn neuen Baustoff Beton umzugehen und baute Bunker und Unterstände. Arbeit für alte Reservisten halt. Wie sie irgendwann direkt an die Front am „Kanonenberg“ bei Massiges gerieten, ist unklar. Der Mont Têtu oberhalb des völlig zerstörten Dorfes Massiges, von den Deutschen Kanonenberg genannt, war während des Ersten Weltkriegs immer wieder heiß umkämpft. Die vordersten Schützengräben lagen auf Rufweite voneinander entfernt.

Nachts konnten sich die Soldaten beim Sprechen hören. Allerdings auch beim Graben und Bohren – die Franzosen brachten unter der ersten deutschen Linie eine große Mine zur Explosion. Das Loch kann man noch heute sehen.

Adolf König erhielt für seinen Einsatz am Kanonenberg die „Württembergische Verdienstmedaille für Unteroffiziere und Mannschaften“ – ein hoher Orden. Wilhelm Melchinger ist auf dem Kanonenberg gefallen. Um die Eiche an der Richtstattallee sammelten die Kinder noch bis weit in die 1920er-Jahre Bucheckern und Eicheln. Und wieder ab 1944.

Kaffee aus Eicheln

Muckefuck wird hierzulande Kaffee-Ersatz aus Früchten genannt, die in heimischer Erde wachsen. Eicheln ergeben ein kräftiges und gut verträgliches Heißgetränk, allerdings ist der Herstellungsaufwand nicht zu unterschätzen. Man gibt die gesammelten Eicheln in einen Eimer mit Wasser und kann so bald die bewohnten oder tauben Früchte aussortieren. Dann lässt man sie gut trocknen und knackt sie mithilfe eines Nussknackers. Nun die Kerne zwei Tage in Wasser legen, das immer wieder gewechselt wird, um die bitteren Gerbsäuren auszuschwemmen. Kerne wieder gut trocknen lassen, kleinhacken und in einer beschichteten Pfanne ca. eine halbe Stunde bei kleiner Hitze rösten, dabei stetig umrühren. Sind sie goldbraun, können sie nach dem Abkühlen gemahlen werden. Zwei Teelöffel in eine Tasse, heißes Wasser dazu – und fertig ist der Eichel-Kaffee. Sehr haltbar ist das fetthaltige Eichel-Kaffeepulver zwar nicht, aber es lässt sich in kleinen Portionen problemlos einfrieren.

Die Dolchstoßlegende

Im November 1921 kam Adolf König wieder einmal auf dem Weg von Gerlingen nach Stuttgart an der Eiche vorbei. Er wollte am Weinberg seiner Verwandtschaft auf der Hohen Warte nach dem Rechten schauen. Der Weinberg gehörte zum Vermächtnis von Patentante Hedwig und war unter den Erben aufgeteilt worden. Über diese Aufteilung gab es seit Jahren Streit mit Hedwigs Schwestern. Sein eigentlicher Grund für seinen Marsch über die Richtstattallee war aber ein anderer: Er wollte sich eine Taschenuhr in Stuttgart kaufen. Eine mit Kette. Von den im Weltkrieg aufgekommenen Armbanduhren hielt er nichts – diese „Soldatenuhren" erinnerten ihn an die Grabenkämpfe in der Champagne. Er wollte eine richtige Uhr kaufen. Dazu musste er über Feuerbach nach Stuttgart laufen.

Der Erste Weltkrieg war vorüber, Deutschland nun eine Republik, doch auch sonst war fast kein Stein mehr auf dem anderen geblieben. Die Monarchien waren hinweggefegt, die ehemaligen Befehlshaber Hindenburg und Ludendorff spannen ihre demokratiefeindlichen Fäden im Hintergrund, der bayerische Gefreite Adolf Hitler brüllte in dumpfen Bierkellern in München, Frauen hatten das Wahlrecht erhalten und alle Menschen litten unter dem Friedensvertrag von Versailles.

Adolf König war im November 1918 von der Champagne bis nach Stuttgart marschiert. Von heute auf morgen waren sie aus ihren Stellungen abgerückt und durch zerstörte Ortschaften nach Deutschland gekommen. Eine Begegnung dabei war ihm sehr eindrücklich in Erinnerung geblieben: In einer zerschossenen Ortschaft standen ihm und seinen Kameraden auf einmal amerikanische Soldaten gegenüber – junge Leute um die 18 Jahre. Die Amerikaner und die Deutschen machten sofort ihre Gewehre schussbereit, so tief saßen die Reflexe. Es dauerte ein paar Sekunden, dann war allen wieder ins Bewusstsein gerückt, dass ja Waffenstillstand herrschte. Kein Schuss fiel. Stattdessen wurde gehandelt. Eisernes Kreuz gegen Zigaretten. Aber auch noch etwas anderes, was einer gewissen Komik nicht entbehrt: Die Amerikaner wollten unbedingt deutschen Verbandsmull aus Papier haben. So etwas hatten sie noch nie gesehen. In Deutschland gab es nur solches Verbandsmaterial. Die amerikanischen Verbandpäckchen aus Baumwolle wurden gegen die deutschen aus Papier eingetauscht. Baumwolle hatten die Württemberger seit 1915 nicht mehr gesehen.

Die übrig gebliebenen Soldaten des Infanterieregiments 126 Großherzog Friedrich von Baden bzw. des 8. Württembergischen Infanterieregiments trafen hungrig und vollbewaffnet am 10. Dezember 1918 auf dem Bahnhof in Kornwestheim ein. Sie gaben ihre Waffen ab und wurden aus dem württembergischen Heer entlassen. Der Krieg war vorbei. Jeder auf sich allein gestellt. Adolf König marschierte weiter nach Gerlingen.

Deutschland war ausgeblutet. In Frankreich waren 1918 über 100 000 junge Soldaten aus den USA eingetroffen, im Osten das Königreich Bulgarien und die Monarchie in Österreich-Ungarn zusammengebrochen. Doch die Generäle von Ludendorff und von Hindenburg focht das nicht an. Der Kaiser hatte kaum noch Einfluss auf die deutsche Militärdiktatur. Deren Propagandamaschinerie arbeitete so gut, dass bis

Mitte 1918 immer noch sehr viele Menschen an den Sieg glaubten. Man musste eben durchhalten. Doch man konnte gar nicht durchhalten, die Realität sprach dagegen und setzte sich durch.

Als am 27. September 1918 an der Westfront in Nordfrankreich die letzte deutsche Verteidigungslinie – die „Siegfriedstellung" – zusammenbrach, akzeptierte die Oberste Heeresleitung (OHL) endlich, dass der Krieg verloren war. Doch die Verantwortung dafür wollte sie nicht übernehmen. Ludendorff und Hindenburg begannen sofort damit, eine Verschwörungstheorie auszuarbeiten. Mit ihrer Hilfe sollte den zivilen Politikern die Schuld an der Niederlage in die Schuhe geschoben werden, damit sie selbst problemlos davonkamen. Bereits am 29. September 1918 forderte die OHL die Regierung auf, sofort Politiker der SPD in die Regierung aufzunehmen. Noch bis zum Tage vorher hatten sie das als Verrat am Vaterland strikt abgelehnt. Auch forderten sie mit Erfolg, dass an beginnenden Waffenstillstandsverhandlungen nur demokratische Politiker, keinesfalls aber Militärs, teilnehmen sollten. So geschah es auch, deshalb hatten die Militärs mit all den erdrückenden Bedingungen der Verhandlungen selbstverständlich nichts zu tun. Im Gegenteil, man baute erfolgreich die sogenannte Dolchstoßlegende auf, ein Narrativ, demzufolge das deutsche Heer „im Felde unbesiegt" gewesen, aber in der Heimat von „vaterlandslosen Gesellen" und dem „internationalen Judentum" hinterrücks erdolcht worden sei.

Schon 1916 hatten die beiden Generäle versucht, Niederlagen damit zu erklären, dass die deutschen Juden nicht kämpfen würden. Also wurde mit großer Propaganda eine „Judenzählung" an der Front durchgeführt. Dabei kam heraus, dass Deutsche jüdischen Glaubens überdurchschnittlich viele Freiwillige stellten und verglichen mit dem Anteil in der Bevölkerung überdurchschnittlich an allen Fronten vertreten waren. Entsprechend hoch waren auch die Verlustzahlen. Dieses Ergebnis wurde vorsichtshalber nie veröffentlicht. Es passte nicht in die antisemitischen Vorstellungen der OHL. So blieb der Vorwurf im Raum stehen. Die Dolchstoßlegende diente noch den Nazis als Geschichtsverklärung.

Mit den „vaterlandslosen Gesellen" waren im November 1918 alle linken Parteien gemeint, mit der Zeit beschränkte sich der Vorwurf mehr oder weniger auf die SPD.

Ab dem 3. November meuterten zuerst in Wilhelmshafen, dann in Kiel die Matrosen der kaiserlichen Flotte. Am 30. Oktober 1918 sollte die kaiserliche Flotte in den Ärmelkanal auslaufen, um ruhmreich unterzugehen. Selbst deutsche Offiziere bezeichneten diesen Plan als „Opfergang". Militärisch völlig sinnlos, es ging nur darum, einen Platz in den Geschichtsbüchern zu besetzen.

Die Matrosen erkannten das blutige Spiel, weigerten sich, auszulaufen, und löschten die Feuer unter den Kesseln in den Schiffen. Ohne Dampf kein Krieg. Arbeiter schlossen sich ihnen an. Es entstanden überall „Arbeiter- und Soldatenräte", die die allgemeine Unzufriedenheit aufgriffen.

Am 9. November verkündete Reichskanzler Max von Baden in Berlin, der Kaiser habe abgedankt, was zu diesem Zeitpunkt nicht stimmte, und übertrug sein eigenes Amt an Friedrich Ebert von der SPD. Am frühen Nachmittag rief der SPD-Politiker Philipp Scheidemann vor einer großen Menschenmenge die Republik aus – er hatte mitbekommen, dass Karl Liebknecht beabsichtigte, eine Räterepublik auszurufen, und wollte ihm zuvorkommen. Liebknecht ließ sich allerdings nicht von seinem Vorhaben abbringen und so gab es zwei Proklamationen.

Auch in Stuttgart versammelten sich am 9. November Arbeiter und Soldaten auf dem Schlossplatz, um eine parlamentarische Republik zu fordern. Nach vielen Reden und einem Umzug gingen die meisten auseinander oder heim. Es war schwäbische Vesperzeit.

Neben der SPD gab es noch die USPD, die Unabhängigen Sozialdemokraten. Die hatten sich 1917 abgespalten, weil ihnen die SPD zu bürgerlich und zu pragmatisch war. Von dieser USPD wiederum hatten sich die Spartakisten abgespalten, denen Lenin und die russischen Revolutionäre ein Vorbild waren, die keine Demokratie, sondern ein russisches Rätesystem wollten.

Diese Spartakisten gingen in Stuttgart nicht vespern. Sie setzten dem Denkmal von Kaiser Wilhelm I. auf dem Karlsplatz eine rote Mütze auf, verjagten die Wache vor dem Wilhelmspalais von König Wilhelm II. von Württemberg – die Wache war auf Befehl des Königs unbewaffnet, um Blutvergießen zu verhindern –, setzten eine rote Fahne aufs Dach und erklärten dem König, man habe eigentlich nichts gegen ihn persönlich, aber „es sei wegen dem System".

Die Monarchie war am Ende. Der König reiste noch in der gleichen Nacht mit seiner Frau Charlotte ins Jagdschloss Bebenhausen ab. Ende November trat er als Letzter der deutschen Monarchen offiziell zurück. Diese Staatsform war damit erledigt und Geschichte.

Stuttgarter Boden wollte Wilhelm nicht mehr betreten. So soll er verfügt haben, dass er nach seinem Tod in Ludwigs-

burg begraben sein wollte und sein Trauerzug um Stuttgart herumgehen möge.

So geschah es auch. Als er am 2. Oktober 1921 in Bebenhausen verstarb, wurde sein Sarg auf einen Lastwagen verladen und im Schritttempo über Böblingen, Leonberg, Gerlingen, Weilimdorf und Feuerbach nach Ludwigsburg gefahren. Am Straßenrand standen über 100 000 Menschen, um dem einstigen König die letzte Ehre zu erweisen.

Schreinermeister Adolf König stand in Gerlingen ebenfalls am Straßenrand. Seine nagelneue Taschenuhr zeigte 12.30 Uhr, als der Sarg an ihm vorbeigefahren wurde.

Eichenholz für den Messergriff

Wer Wert auf eine persönliche Note legt, greift bei Messern gerne zu solchen mit Holzgriffen, denn das verwendete Holz, dessen Maserung und die Behandlung des Materials machen aus einem Allerwelts- einen individuellen Gegenstand. Grundsätzlich sind Harthölzer als Messergriffmaterial besser geeignet als andere Hölzer, insofern passt Eichenholz hervorragend und ist auch optisch wie haptisch eine gute Wahl. Vielleicht nicht gerade für Dolche, dafür aber umso mehr, wenn es um anständiges Handwerkzeug geht.

Nachtrag

Mit dem Begräbnis des letzten württembergischen Königs endet dieses Buch. Nicht aber die Geschichte der Eiche im Feuerbacher Wald. Sie steht noch heute.

Mit dem Begräbnis des Königs endet eine Epoche der Geschichtsschreibung Württembergs. Es ist die Geschichte der Monarchie.

Unsere Eiche hat die Zeit der Monarchie erlebt. Dann die Zeit danach bis heute. So wären neue Geschichten zu schreiben – Geschichten aus einer nicht monarchistischen Zeit. Da wäre den Hungernden während der Inflation von 1923 und den Auswirkungen der Weltwirtschaftskrise 1929 auf die kleinen Leute ein Gesicht zu geben, über die ersten Verfolgungen der SPD und KPD ab 1933 zu erzählen und über die versuchte Ausrottung der Deutschen jüdischen Glaubens zu berichten. Der erste Volkswagen, der in Feuerbach schon 1934 gebaut wurde, und der Volkswagen von Porsche 1938 würden eine Stimme bekommen, die Kriegsereignisse, insbesondere die Bombardements von 1944 rund um die Eiche, würden beschrieben. Zwangsarbeiter im nahen Lager würden ihr Leid klagen, die erst französische und dann amerikanische Besatzung ab 1945 würde ihre Geschichte beschreiben, die Flüchtlinge und Heimatvertriebenen, das Wirtschaftswunder und die ersten Gastarbeiter ebenso.

Das ist Teil der württembergischen Geschichte. Was in Feuerbach sozusagen im Kleinen geschah, fand in Württemberg im Großen statt.

Literaturverzeichnis

Arendt, Joachim: Begehbares Feuerbacher Gedächtnis. AG Erlebbare Stadtgeschichte, 2014

Decker-Hauff, Hansmartin: Frauen im Hause Württemberg. DRW-Verlag, Leinfelden-Echterdingen 1997

Gräter, Carlheinz: Württemberger Wein. Landschaft – Geschichte – Kultur. DRW-Verlag, Leinfelden-Echterdingen 1993

Hagel, Jürgen: Vom Weinbaudorf zum Industriestandort. Die Entwicklung Feuerbachs von 1850 bis zum Ersten Weltkrieg. Klett-Cotta, Stuttgart 1991

Hesse, Oswald: Geschichte von Feuerbach, Selbstverlag, Stuttgart 1909

Krämer, Heinz: Fertig Feuerbach! Richard Kallee, Pfarrer und Geschichtsforscher. DRW-Verlag, Leinfelden-Echterdingen 2004

Kurz, Jörg: Feuerbach. Hampp-Verlag, Stuttgart 2010

Link, Gunter: Stuttgart und sein Wein. Silberburg-Verlag, Tübingen 1993

Walz, Werner: Die Eisenbahn in Baden-Württemberg. Geschichte der Bahnen in Baden und Württemberg 1840 bis heute. Motorbuch-Verlag, Stuttgart 1980

Lernen Sie mehr knitze Schwaben kennen, die in die Welt hinauszogen und erfolgreich Weltbekanntes schufen! Sie werden staunen!

„Unseren Landsleuten zeiget mir's …“, mögen die Pioniere und Erfinder aus Schwaben gedacht haben, die **Jürgen Kaiser** in seinen Büchern vorstellt. Sie waren knitz genug, in der Welt ihre Ideen und Techniken erfolgreich zu legendären Unternehmungen zu machen.

Drei von 17 spannenden Beispielen:

Heinrich Beck: Gründer von Beck's – einer der bekanntesten Biermarken der Welt
Carl Lämmle: Der Oberschwabe gilt als Erfinder Hollywoods …
Conrad Pfizer: Der Ludwigsburger Apothekerlehrling wurde später zum Hersteller von Penizillin.

104 Seiten mit vielen Fotos und Zeichnungen
ISBN 978-3-945369-28-9

Wer an die Kraft von guten Ideen glaubt, wird von diesen Büchern begeistert sein.

Warum weltweiter Erfolg oft schwäbische Wurzeln hat, erklärt Jürgen Kaiser anschaulich in seinem zweiten Buch aus der Reihe „Daheim verkannt – in der Welt bekannt". Wen er alles bei seinen Recherchen entdeckte und welche Geschichten er zutage förderte, wird selbst Schwabenkennerinnen und -kenner begeistern!

Drei von 16 überraschenden Beispielen:

Adolph Schöninger demokratisierte das Fahrradfahren und trug damit nachhaltig zur Frauenemanzipation bei.
Maximilian D. Berlitz brachte der Welt die Fremdsprachen bei.
Joseph Jacob Bollinger machte den Champagner international groß und filmreif. Kein James-Bond-Film kommt ohne Bollinger aus.

118 Seiten mit vielen Fotos
und Zeichnungen
ISBN 978-3-945369-28-9

Edition
Evangelisches
Gemeindeblatt

Lernen Sie in 12 starken Geschichten 12 starke Frauen kennen, die die Welt bewegten.

12 erstaunliche Geschichten über bemerkenswerte Frauen, die Geschichte schrieben, mit überraschenden Hintergründen zu bekannten Fakten der Geschichte. Darunter sind Jenny Marx und Elly Heuss-Knapp, Hildegard von Bingen und Karoline „Chaile" Kaulla, Clara Immerwahr sowie Anna Haag.

Ein Geschenk, das Frauen und Männern Freude macht, die neugierig sind auf starke Geschichten von starken Frauen. Unterhaltsam geschrieben und lebendig illustriert. **Echter Lesegenuss!**

Drei von 12 spannenden Beispielen:

Thea Rasche: „The Flying Fräulein" aus Essen

Marie-Luise Gräfin Leutrum: Dickköpfige Charme-Offensive für die Landfrauen

Viktoria von Preußen (Vicky): Die liberale Hoffnung für Deutschlands

136 Seiten, mit Farb- und Schwarz-Weiß-Illustrationen,
ISBN 978-3-945369-97-5

Edition Evangelisches Gemeindeblatt